CB058251

História das Assembleias de Deus: o grande movimento pentecostal do Brasil

EDITORA
intersaberes

O selo DIALÓGICA da Editora InterSaberes faz referência às publicações que privilegiam uma linguagem na qual o autor dialoga com o leitor por meio de recursos textuais e visuais, o que torna o conteúdo muito mais dinâmico. São livros que criam um ambiente de interação com o leitor – seu universo cultural, social e de elaboração de conhecimentos –, possibilitando um real processo de interlocução para que a comunicação se efetive.

Douglas Roberto de Almeida Baptista

História das Assembleias de Deus: o grande movimento pentecostal do Brasil

EDITORA intersaberes

Rua Clara Vendramin, 58. Mossunguê
CEP 81200-170. Curitiba. PR. Brasil
Fone: (41) 2106-4170
www.intersaberes.com
editora@editoraintersaberes.com.br

Conselho editorial
Dr. Ivo José Both (presidente)
Dr.ª Elena Godoy
Dr. Nelson Luís Dias
Dr. Neri dos Santos
Dr. Ulf Gregor Baranow

Editora-chefe
Lindsay Azambuja

Supervisora editorial
Ariadne Nunes Wenger

Analista editorial
Ariel Martins

Preparação de originais
Entrelinhas Editorial

Capa
Charles L. da Silva (*design*)
Fotolia (imagem de fundo)

Projeto gráfico
Charles L. da Silva

Diagramação
Estúdio Nótua

Iconografia
Regina Claudia Cruz Prestes

Dados Internacionais de Catalogação na Publicação (CIP)
(Câmara Brasileira do Livro, SP, Brasil)

Baptista, Douglas Roberto de Almeida
História das Assembleias de Deus: o grande movimento pentecostal do Brasil/Douglas Roberto de Almeida Baptista. Curitiba: InterSaberes, 2017.
(Série Conhecimentos em Teologia)

Bibliografia.
ISBN 978-85-5972-218-5

1. Igreja Assembleia de Deus 2. Igreja Evangélica – Brasil – História I. Título. II. Série.

16-07331   CDD-289.0981

Índices para catálogo sistemático:
1. Brasil: Igreja Evangélica Assembleia de Deus: História 289.0981

1ª edição, 2017.
Foi feito o depósito legal.

Informamos que é de inteira responsabilidade do autor a emissão de conceitos.
Nenhuma parte desta publicação poderá ser reproduzida por qualquer meio ou forma sem a prévia autorização da Editora InterSaberes.
A violação dos direitos autorais é crime estabelecido na Lei n. 9.610/1998 e punido pelo art. 184 do Código Penal.

sumário

9   *dedicatória*

11 *agradecimentos*

13 *apresentação*

capítulo um

17 **História do movimento pentecostal**

19 1.1 Montanismo

25 1.2 Pietismo

35 1.3 Puritanismo e metodismo

capítulo dois

49 **O pentecostalismo norte-americano**

51 2.1 Avivamento em solo norte-americano

55 2.2 Movimento de Santidade

59 2.3 Movimento da Fé Apostólica

62 2.4 Avivamento da Rua Azusa e seus desdobramentos

capítulo três
75 Pioneiros no Brasil
77 3.1 Gunnar Vingren
82 3.2 Daniel Hogberg (Berg)
86 3.3 Chamada dos missionários
91 3.4 Igreja Batista em Belém

capítulo quatro
101 Nascedouro das Assembleias de Deus
103 4.1 Celina Albuquerque
107 4.2 Desligamento dos irmãos batistas
111 4.3 Missão da Fé Apostólica
118 4.4 Fundação da Assembleia de Deus

capítulo cinco
131 Implantação das Assembleias de Deus
133 5.1 Igrejas no Norte
138 5.2 Igrejas no Nordeste
143 5.3 Igrejas no Sudeste
150 5.4 Igrejas no Sul e no Centro-Oeste

capítulo seis
163 Institucionalização da Igreja
165 6.1 Criação da Convenção Geral
170 6.2 Semanas Bíblicas
181 6.3 Períodos de intensos debates
189 6.4 Solidificação administrativa da Convenção Geral

capítulo sete
195 Oficialização da denominação
197 7.1 Divulgação pela imprensa
201 7.2 Criação da Casa Publicadora das Assembleias de Deus

212	7.3 Cismas assembleianos
219	7.4 Crescimento vertiginoso da Assembleia de Deus no Brasil
223	7.5 Celebração do centenário

capítulo oito

229	**Teologia das Assembleias de Deus**
231	8.1 Educação teológica
240	8.2 Escola Bíblica Dominical (EBD)
243	8.3 Teologia assembleiana
250	8.4 Contemporaneidade dos dons espirituais
261	*considerações finais*
263	*anexo*
267	*referências*
271	*bibliografia comentada*
275	*respostas*
281	*sobre o autor*

dedicatória

Dedico esta obra aos pioneiros e a suas famílias, tanto aos estrangeiros quanto aos nacionais, que em obediência à voz do Espírito Santo gastaram a própria vida na propagação da mensagem pentecostal em terras brasileiras.

agradecimentos

Agradeço primeiramente ao meu Deus pela dádiva da vida e da maravilhosa salvação em Cristo Jesus, nosso Senhor. Agradeço à minha querida esposa, missionária Dirlei da Silva da Costa Baptista, amor da minha vida, companheira de ministério e de caminhada cristã, pelo apoio e incentivo na conclusão desta obra. Agradeço às filhas que Deus nos concedeu, Priscila e Jéssica da Silva Baptista, lindas rosas especiais no jardim de nossa família. Um agradecimento especial ao nosso filho na fé, Carlos Matheus Maninho. Agradeço, ainda, à Igreja Evangélica Assembleia de Deus de Missão do Distrito Federal (ADMDF), minha comunidade de fé, pela compreensão de minha ausência durante o período em que me dediquei a este projeto. *Soli Deo Gloria!*

apresentação

Nesta obra, reproduzimos os fatos relevantes que deram origem à maior denominação pentecostal em solo brasileiro. Fundada em 18 de junho de 1911, sem recursos financeiros do exterior, a Assembleia de Deus instalou-se em Belém do Pará e cerca de 20 anos depois já se fazia presente em quase todas as regiões do Brasil. Ao resgatar a história, o crescimento, a implantação e a estruturação das Assembleias de Deus como o maior movimento pentecostal no Brasil, pretendemos registrar nesta obra a importância dessa instituição na formação evangélica da sociedade brasileira. Segundo os dados oficias da Igreja, em 2015, cerca de 22 milhões de brasileiros integravam as fileiras das Assembleias de Deus no Brasil.

No Capítulo 1 desta obra, recordamos os antecedentes históricos do movimento pentecostal na Igreja cristã. Fazendo menção ao Pentecostes, relatado no livro bíblico de Atos dos Apóstolos, apresentamos um panorama dos movimentos de avivamento de maior relevância que impactaram os cristãos. Abordamos ainda movimentos como montanismo, pietismo, puritanismo e metodismo de modo abrangente e esclarecedor, a fim de se identificar o legado desses despertamentos e sua consequente contribuição para o pentecostalismo contemporâneo.

No Capítulo 2, apresentamos o pentecostalismo americano como pressuposto para o pentecostalismo na América Latina, especialmente no Brasil. Investigamos os avivamentos ocorridos em solo norte-americano e os seus desdobramentos para o protestantismo. Igualmente, analisamos a contribuição e a influência do Movimento de Santidade na elaboração de uma doutrina pentecostal. Além disso, examinamos o movimento da fé apostólica e o movimento da Rua Azusa como precursores de um despertamento mundial ocorrido no século XX e que envolveu também os brasileiros.

Dedicamos um capítulo especial aos pioneiros e suas famílias, os quais trouxeram a mensagem pentecostal ao Brasil. Assim, no Capítulo 3, destacamos a contribuição, a importância e o legado desses pioneiros na fundação das Assembleias de Deus no país. Entre outros temas, comentamos as biografias de Gunnar Vingren e Daniel Berg e contamos de modo pormenorizado e imparcial a chamada extraordinária e transcendente dos missionários para o Brasil e os primeiros meses na Igreja Batista em Belém.

Tratamos do nascedouro das Assembleias de Deus no Capítulo 4. Nele, retratamos historicamente o batismo no Espírito Santo de Celina Albuquerque – primeira pessoa a ser batizada, em Belém do Pará, a consequente polêmica gerada por esse fato, a reunião realizada na Igreja Batista e o desligamento daqueles que aderiram à mensagem pentecostal. Em seguida, elencamos os fatos que culminaram com a fundação da Missão da Fé Apostólica e, posteriormente, da Assembleia de Deus no Brasil.

No Capítulo 5, ocupamo-nos da implantação da nova denominação nas cinco regiões brasileiras. Discorremos sobre os primeiros trabalhos desenvolvidos em cada uma dessas regiões, bem como sobre os pioneiros que levaram a mensagem para cada localidade, as primeiras batalhas e os primeiros sucessos. Trata-se de uma historiografia acurada e de relevada importância para a compreensão das circunstâncias que contribuíram para a implantação do pentecostalismo em um país católico e com Igrejas protestantes tradicionais e opositoras ao movimento.

A institucionalização da Igreja é tema do Capítulo 6. Nessa parte da obra, investigamos os fatos que desencadearam a criação da Convenção Geral das Assembleias de Deus no Brasil (CGADB). Ainda, versamos sobre as Semanas Bíblicas, seus principais assuntos e suas resoluções, bem como os intensos debates que contribuíram para a formação doutrinária da Igreja e as decisões que solidificaram a estruturação administrativa da Convenção Geral.

No penúltimo capítulo, dedicamo-nos à oficialização da denominação Assembleia de Deus em solo brasileiro, assim como às primeiras divulgações pela imprensa escrita, do alcance desse empreendimento e à criação de uma editora própria – a Casa Publicadora das Assembleias de Deus (CPAD). Além disso, como todo grande projeto, apresentamos o cisma ocorrido entre os assembleianos e explicamos os fatos da maior e mais relevante cisão ocorrida na década de 1980 dentro de Igreja pentecostal, que deu origem à Convenção Nacional de Madureira. Ainda comentamos o recente desligamento do tele-evangelista pastor Silas Malafaia, atualmente líder da Assembleia de Deus Vitória em Cristo (ADVEC). Nesse ponto, ainda verificamos o crescimento vertiginoso que transformou a Assembleia de Deus na maior denominação pentecostal de nosso país.

No Capítulo 8, expomos os principais aspectos da teologia assembleiana, as escolas bíblicas de instrução informal de líderes, a instituição e os currículos da Escola Bíblica Dominical, a resistência e a posterior criação de seminários e institutos teológicos, a doutrina da dispensação, a teologia de Armínio e a contemporaneidade dos dons espirituais. Nas considerações finais, realizamos uma avaliação geral da relevância dessa pesquisa e da instituição religiosa pós-centenária.

Por último, apresentamos o resumo da Declaração de Fé das Assembleias de Deus no Brasil, conhecido entre os assembleianos pela expressão *Cremos*. Ele é mensalmente publicado no órgão oficial de divulgação das Assembleias de Deus – o jornal *Mensageiro da Paz*.

Ao remontar a história do maior movimento pentecostal brasileiro, pretendemos reconhecer a vital importância das Assembleias de Deus no Brasil. Por meio desta obra, você certamente vai quebrar alguns paradigmas e até rever certos conceitos sobre os pentecostais. Para tanto, convido-lhe à apreciação desse trabalho e à resolução das atividades ao final de cada capítulo, que lhe ajudarão a assimilar essa narrativa.

Boa leitura!

capítulo um

História do movimento pentecostal[1]

---
[1] Os trechos bíblicos citados neste capítulo foram extraídos de Bíblia (1995).

01

O movimento pentecostal tem analogia com o evento registrado no livro de Atos dos Apóstolos: Quarenta dias após a ressurreição (Atos, 1: 3), Cristo reuniu os seus discípulos no monte das Oliveiras (1: 12), antes de ser elevado aos céus, e determinou ao grupo que não se ausentasse de Jerusalém (1: 4), mas que esperasse o derramamento do Espírito Santo (1: 8). Em obediência, cerca de 120 discípulos (1: 15) permaneceram reunidos em oração no cenáculo por aproximadamente dez dias (1: 13, 14). Ao cumprir-se o dia da Festa do Pentecostes, todos "foram cheios do Espírito Santo, e começaram a falar noutras línguas" (2: 4).

Atualmente, alguns cristãos são adeptos da teoria cessacionista, segundo a qual o batismo no Espírito Santo e os dons espirituais "foram dados somente durante a era apostólica, como 'sinais' para credenciar os apóstolos durante o estágio inicial de pregação do evangelho" (Grudem, 1999, p. 873). Em consequência, as manifestações espirituais teriam cessado com o término do primeiro século. No entanto, como veremos, contrariando essa teoria, o batismo no Espírito Santo e o exercício dos dons espirituais encontram-se registrados nos relatos da história da Igreja após o período apostólico.

1.1 Montanismo

O montanismo foi um movimento apocalíptico que desafiou as autoridades eclesiásticas no século II d.C. Seu nome deriva de Montano, seu fundador.

O movimento montanista surgiu em uma vila chamada Ardaba, na região da Mísia, na Frígia (Ásia Menor), no século II da Era Cristã. Esse movimento é muitas vezes negligenciado pelos historiadores do movimento pentecostal. A justificativa para isso é simples: o montanismo percorreu um caminho extremista, cometeu vários equívocos e seu fundador, Montano, foi considerado herético. Conforme a história eclesiástica, o surgimento de novas heresias contra a Igreja "insinuaram-se como répteis venenosos na Ásia e na Frigia, alegando que Montano era o Paráclito[2], e que duas mulheres que o seguiam, Priscila e Maximila, eram profetisas de Montano" (Cesareia, 1999, p. 180).

O movimento atraiu as massas com um forte apelo à vida de santidade e sacrifício, a profecias, ao misticismo e à volta de Cristo. No entanto, em virtude da intransigência, do fanatismo e da insubmissão contra as lideranças da Igreja e dos exageros praticados por

---

2 Alguém enviado junto com outrem a fim de ajudá-lo, o que é uma referência ao Espírito Santo (Champlin, 2002, v. 5, p. 64).

seu fundador, o movimento foi rejeitado e seus seguidores foram expulsos da comunhão e considerados heréticos.

1.1.1 Montano, o fundador do movimento

Como afirmamos anteriormente, Montano nasceu em Ardaba, uma vila na Frígia – atual Turquia, entre 155 e 160. Era um sacerdote pagão e seu culto era supostamente direcionado aos deuses Apolo, Átis e Cibele. O primeiro era considerado símbolo da inspiração profética; já nos cultos de Átis e Cibele as cerimônias cruéis incluíam a autocastração de seus sacerdotes e ainda requeriam de seus seguidores uma vida de extrema pobreza e austeridade.

Montano converteu-se ao cristianismo e, num dado momento, intitulou-se porta-voz do Espírito Santo. Ele afirmava que sua missão era inaugurar a Era do "Paracleto" e, com uma mensagem apocalíptica, anunciava a volta iminente de Cristo. Também dizia ser a perfeita revelação divina: "Vim, não como anjo ou mensageiro, mas como o próprio Deus Pai"; "Sou o Pai, o Filho e o Espírito Santo" (Frangiotti, 2002, p. 55).

Por essas afirmações e sua oposição à liderança da igreja, Montano foi condenado e considerado herege pelas autoridades eclesiásticas do Oriente e do Ocidente.

1.1.2 Principais ensinos de Montano

Alegando ter visões e amparando-se por supostas revelações das profetisas, o grupo de Montano exortava os cristãos à santificação. Pregava o jejum como meio de afligir a alma, a abstinência sexual para fugir da imoralidade e a disposição para o martírio para ser considerado digno de morrer por Cristo. De acordo com Roger Olson (1999, p. 30), "Montano rejeitava a crescente fé na autoridade especial dos bispos (como herdeiros dos apóstolos) e dos escritos apostólicos. Considerava as igrejas e seus líderes espiritualmente mortos e reivindicava uma 'nova profecia' com todos os sinais e milagres dos dias da igreja primitiva no Pentecostes".

Eusébio de Cesareia (1999, p. 182) registra que Montano tinha

> na alma excessivo desejo de assumir a liderança, dando ao adversário ocasião para atacá-lo. De modo que foi arrebatado no espírito, sendo levado a certo tipo de frenesi e êxtase irregular, delirando, falando e pronunciando coisas estranhas e proclamando que era contrário às instituições que prevaleciam na Igreja.

Por essa postura radical, esses oráculos foram considerados espúrios (falsos, ilegítimos), e o êxtase e o balbuciar de línguas estranhas foram censurados e qualificados como de origem demoníaca.

1.1.3 Comunidade em Pepuza

Apesar da censura dos líderes eclesiásticos, Montano reuniu um considerável grupo de seguidores e formou uma comunidade em Pepuza, na Frígia. Auxiliado por Priscila e Maximila, duas profetisas que entravam em transe e frenesi espirituais, Montano profetizava o retorno de Cristo. Ensinava que o reino de mil anos, predito no livro Apocalipse, capítulo 21, se instalaria em Pepuza. Por isso "grupos numerosos se dirigiam com os profetas à planície de Pepuza para aguardar ali a vinda de Cristo" (Frangiotti, 2002, p. 57).

Enquanto aguardava o retorno de Cristo, Montano acusava os líderes eclesiásticos de imoralidade, corrupção e apostasia e apresentava-se como a presença viva do Espírito Santo.

Em certa ocasião, reunido com seus seguidores, profetizou a respeito dele próprio: "Eis que o homem [Montano] é semelhante a uma lira e eu toco as cordas como um plectro³. O homem dorme e eu vigio. Vejam! É o Senhor que move o coração do homem", e, alegando ser o Espírito Santo, Montano proclamava em alta voz: "Eu sou o Senhor Deus, nascido entre os homens. Não sou anjo, nem sacerdote. Sou Deus Pai, vindo até vocês" (Olson, 1999, p. 30-31).

1.1.4 Progresso do movimento de Montano

Entre os cristãos da metade do século II, havia profetas itinerantes, aventureiros e carismáticos que exerciam forte influência na vida da Igreja, em especial dos recém-conversos. Os escritos da *Didaquê (Instruções dos Doze Apóstolos)* continham orientações de como a Igreja devia lidar com esses profetas. No entanto, como Montano falava a linguagem do povo, o movimento propagou-se pelo Império: "desde o ano de 160, em muitas cidades do Império Romano, havia duas congregações cristãs distintas: uma seguia a liderança de um bispo na sucessão apostólica e outra seguia a Nova Profecia de Montano" (Olson, 1999, p. 31). Sob o aspecto organizacional, talvez esse tenha sido o primeiro cisma do cristianismo entre a Igreja romana e a asiática, contudo, "o movimento morreu no Ocidente no decorrer do século III d.C., embora tivesse continuado no Oriente, até ser suprimido, durante o reinado de Justiniano em 527-565 d.C." (Champlin, 2002, v. 4, p. 350).

1.1.5 Morte e condenação de Montano

O temor dos líderes eclesiásticos diante do crescimento e das reivindicações dos montanistas provocou uma severa reação deles

---

3   Pequena vara de marfim com que os antigos faziam vibrar as cordas de instrumentos musicais como o saltério e a lira.

contra o movimento de Montano. Segundo Eusébio de Cesareia (1999, p. 182), os líderes eclesiásticos "reuniram-se várias vezes em muitos lugares em toda a Ásia com esse propósito e examinaram suas novas doutrinas e julgaram-nas vãs, rejeitando-as como heresia, foram de fato expulsos e afastados da comunhão com a Igreja". Como consequência imediata da expulsão dos montanistas, a liderança da Igreja começou a associar ao montanismo o exercício dos dons espirituais, como o falar em línguas, as profecias, os sinais e os milagres. Os excessos cometidos por Montano criaram uma forte barreira na Igreja, e as manifestações espirituais foram desestimuladas de tal maneira que "quase se extinguiram sob a pressão de bispos temerosos" (Olson, 1999, p. 32). Para auxiliar no combate ao montanismo, impedir o acesso a ele e afastar os fiéis do movimento, divulgou-se entre os cristãos, como exposto na abertura deste capítulo, que Montano e a profetisa Maximila teriam recebido um severo castigo divino: "por instigação daquele espírito de malícia, relata-se, ambos se enforcaram, não ao mesmo tempo, mas cada um no próprio tempo [...], conforme comentário geral; e assim morreram e terminaram a vida como o traidor Judas" (Cesareia, 1999, p. 183). Suas supostas mortes por enforcamento, no entanto, nunca foram historicamente comprovadas. De concreto, a história registrou, no Cânone 95 do Concílio Ecumênico de Constantinopla em 680-681, a condenação final de Montano e de seus seguidores (Frangiotti, 2002, p. 59).

1.1.6 Movimento montanista e Tertuliano

Não obstante o sufocamento infligido ao montanismo, a moralidade ascética dos adeptos da Nova Profecia conseguiu influenciar um dos pais da Igreja: Tertuliano. Nascido em Cartago (c. 160-c. 225), foi um teólogo cristão, apologista[4], jurista e orador partidário de um cristianismo rigoroso e disciplinado e de uma Igreja "segundo o Espírito" que se sentiu atraído pelo movimento montanista.

Segundo Rops (1988, p. 334), Tertuliano lançou-se na heresia de Montano e tornou-se "um herege mais entre os outros hereges, fundou uma seita só para si, a sua pequena Igreja rebelde. Desapareceu dentro dela, numa idade avançada, sepultado no esquecimento". No entanto, Tertuliano deixou enorme legado. Antes de aderir ao movimento montanista, esteve na vanguarda das fileiras cristãs durante 20 anos. Escreveu 35 obras notáveis e é considerado o apologista na melhor linha dos mestres.

1.1.7 Legado do montanismo

Historicamente, o montanismo é analisado sob quatro vertentes distintas. Na obra *História das heresias*, de Frangiotti (2002), esses aspectos são apresentados da seguinte forma:

> *Primeiro como fenômeno nascido da superstição religiosa ou fruto do milenarismo asiático influenciado pelo Apocalipse. Segundo, como uma tentativa de retorno à Igreja das origens, de reforma da Igreja, de retorno ao estado de perfeição e pureza, como pretexto contra o episcopado monárquico urbano, que sufocava, cada vez mais, o dom de profecia, isto é, como movimento contra a Igreja organizada, sistematizada. Terceiro, pode-se vê-lo ainda como um movimento político religioso que nasceu e se radicava nas Igrejas das zonas rurais da Frigia contra as Igrejas urbanas, que se pavoneavam em torno de seus*

---

4 Termo que designa os pais da Igreja cujas obras tiveram o intuito de defender a fé e a igreja cristã contra as heresias e os ataques dos opositores (Champlin, 2002, v. 1, p. 233).

bispos. *Em quarto e último lugar, como reação do conservadorismo das regiões rurais, contra a "modernização" das Igrejas urbanas, que se vão helenizando, enfraquecendo sua fisionomia original, carismática.* (Frangiotti, 2002, p. 59)

Montano, em seu propósito de santificar a Igreja, combater o episcopado monárquico e reafirmar as doutrinas do Espírito Santo, cometeu excessos. Colocou a autoridade das Escrituras em pé de igualdade com as profecias. Por isso, Olson (1999, p. 32) considera que, "sempre e onde quer que a profecia for elevada a uma posição igual, ou superior, às Escrituras, lá estará o montanismo em ação". O aprendizado, para o cristianismo, pode ser definido do seguinte modo:

O Montanismo representou o protesto perene suscitado dentro da Igreja quando se aumenta a força da instituição e se diminui a dependência do Espírito de Deus. Infelizmente, estes movimentos geralmente se afastam da Bíblia, entusiasmados que ficam pela reforma que desejam. O movimento montanista foi e é aviso para que a Igreja não esqueça que a organização e a doutrina não podem ser separadas da satisfação do lado emocional da natureza do homem e do anseio humano por um contato espiritual imediato com Deus. (Cairns, 1995, p. 83)

Não obstante a experiência fracassada do montanismo, outros movimentos surgiram no seio da Igreja, especialmente após o século XVI, com a eclosão da Reforma Protestante.

1.2 Pietismo

O pietismo foi um movimento iniciado nos séculos XVII e XVIII dentro da Igreja luterana na Alemanha. Seu mentor e principal expoente foi o pastor Philipp Jakob Spener, responsável por pregar que todo cristão deveria experimentar um encontro pessoal com Deus. Ensinava que a verdadeira conversão deveria resultar em mudança de vida e afirmava que a santificação deveria ser um processo permanente na vida do salvo.

O movimento ultrapassou os limites da Alemanha e provocou reavivamentos na Europa e, especialmente, na América do Norte.

1.2.1 Origem e objetivo do movimento pietista

Ao surgir como uma proposta de renovação que pretendia completar a obra da Reforma iniciada por Lutero, o pietismo esboçou reação contra a ortodoxia luterana alemã. "O pietismo reiterava o tema de que a reforma doutrinária iniciada por Lutero precisava ser consumada por uma nova reforma da vida" (Olson, 1999, p. 485). Os teólogos alemães, após a morte de Lutero, começaram a sistematizar a ortodoxia luterana. Essa sistematização tornou-se excessivamente racional. Tal ortodoxia adquiriu certa aridez e incluiu o estudo da teologia natural, da lógica aristotélica[5] e de detalhadas formulações doutrinárias:

> O espírito escolástico [da ortodoxia luterana] estendeu uma mortalha de intelectualismo sobre a fé cristã. As pessoas tinham a impressão de que o cristianismo consistia no recebimento da Palavra salvífica de Deus pela pregação e pelos sacramentos, além da aderência leal às confissões luteranas. Dizia-se que, com poucas exceções, os Pastores evitavam qualquer ênfase à interioridade. (Stein, 1986, citado por Olson, 1999, p. 488)

---

5   Aristóteles foi o fundador da lógica científica. Sua função foi descrever o método pelo qual se obtém o conhecimento (Champlin, 2002, v. 1, p. 275).

Os pietistas estavam insatisfeitos com essa ortodoxia que denominavam de "ortodoxia morta". Ensinavam que o cristianismo requeria uma genuína transformação do homem interior, e não apenas a observância dos sacramentos. Para eles, não bastava a ortodoxia (a crença certa), eram igualmente necessárias a ortopatia (os sentimentos certos) e a ortopraxia (o viver certo).

1.2.2 Johann Arndt

O pastor luterano alemão Johann Arndt (1555-1621) é considerado precursor do pietismo por escrever, entre os anos 1606 e 1609, um livro considerado a bíblia do pietismo, conhecido como *Cristianismo verdadeiro*. Durante muito tempo, essa obra foi, depois da Bíblia, a mais lida e conhecida entre os alemães. Nela, Arndt prega a respeito da união com Cristo e a transformação, que chamava de *vida nova*. Ali também o pastor exorta a necessidade da renovação pelo arrependimento e pela fé e a necessidade do novo nascimento: "O arrependimento genuíno acontece quando, de pesar e arrependimento, o coração se parte, é destruído, abatido e, pela fé e pelo perdão dos pecados, é santificado, consolado, purificado, transformado e melhorado, de tal maneira que a vida é melhorada" (Arndt, 1981, citado por Olson, 1999, p. 489).

A influência dessa obra sobre o pietismo foi muito profunda. Arndt ensinava que o cristianismo verdadeiro deveria ser evidenciado na vida prática das pessoas e percebido nas mudanças de atitudes, afeições e no modo de viver do cristão. Também pregava que o crente salvo não deveria viver no formalismo limitado pelos dogmas, sacramentos e liturgias.

Arndt não chegou a liderar nenhum movimento de reforma na Igreja luterana ou no protestantismo, mas seu livro foi mais tarde utilizado para fundamentar o movimento pietista.

1.2.3 Philipp Jakob Spener

O pastor luterano alemão Philipp Jakob Spener (1635-1705) é considerado o patriarca do pietismo. Nascido no século XVII em Rappoltsweiller, na Alsácia (na época pertencente ao Sacro Império Romano-Germânico), teve como madrinha uma mulher rica que financiou seus estudos. Quando jovem, teve acesso à obra *Cristianismo verdadeiro*, de Arndt. Impactado por aquela leitura, tornou-se o grande difusor da importância da renovação espiritual da Igreja.

Spener estudou teologia em Estrasburgo (Alemanha) e, depois, em Genebra (Suíça). Em 1664, doutorou-se em Teologia e, em 1666, assumiu o pastorado da Igreja luterana em Frankfurt (Alemanha). Descontente com os rumos do luteranismo alemão, Spener pregava uma reforma moral, rigorosa disciplina cristã e a necessidade de um cristianismo prático. Contrário à rígida ortodoxia luterana, o pastor Spener passou a realizar reuniões religiosas nas casas, induzindo os presentes a participarem da discussão bíblica. Em 1675, publicou a obra *Pia desideria* (*Desejos piedosos*), cujo título deu origem ao termo *pietistas*. Na publicação, Spener apresenta diversos lembretes aos ministros, entre eles:

> Lembremo-nos de que, no juízo final, não seremos questionados [por Deus] se fomos eruditos e se demonstramos a nossa erudição ao mundo, se desfrutamos do favor dos homens e soubemos mantê-lo, se fomos exaltados e se tínhamos grande reputação no mundo que deixamos para trás ou se reunimos muitos tesouros em bens terrenos para os nossos filhos e com isso atraímos uma maldição contra nós. Pelo contrário, seremos questionados se fomos fiéis, se ensinamos coisas puras e piedosas e demos exemplo digno, procurando edificar os nossos ouvintes em meio ao desprezo do mundo, se fomos abnegados, carregando a cruz e seguindo o nosso Salvador, se fomos zelosos ao nos opor não somente

ao erro, mas também à iniquidade da vida ou se fomos constantes e dispostos a suportar a perseguição e a adversidade lançadas sobre nós pelo mundo manifestamente ímpio e pelos falsos irmãos e se, em meio a esses sofrimentos, louvamos ao nosso Deus. (Spener, 1964, citado por Olson, 1999, p. 492)

Em seus sermões, Spener atacava e reprovava os erros cometidos pelas autoridades constituídas, tanto as civis quanto as eclesiásticas. Atacava os pecados imorais e a prática da luxúria e a falta de testemunho cristão (inclusive entre os pastores). Denunciava o formalismo e o cristianismo nominal, discordava da doutrina de eficácia automática do batismo[6] e condenava a falta de crença na iluminação divina do Espírito Santo. Na publicação *Pia desideria*, Spener fez seis propostas para a restauração e a correção da Igreja, que podem ser assim resumidas:

> *1) A palavra de Deus deve ser ensinada de forma mais extensiva; 2) Reintrodução do modelo apostólico de culto na Igreja[7]; 3) O cristianismo consiste em prática de vida; 4) Colocar a apologia a serviço da glória de Deus; 5) Reforma do Estudo Teológico; e 6) Pregação como instrumento missionário/pastoral.* (Brandt, 2016, p. 14)

Olson (1999) registra que, ao concluir a *Pia desideria*, Spener esclarece a fundamentação do pietismo como a doutrina do **homem interior** ou do **novo homem**:

---

6   Crença de que a água do batismo tem alguma eficácia ou poder, fazendo da cerimônia ou do rito algo indispensável para a salvação. Essa crença enfrenta oposição por parte daqueles que consideram o batismo apenas um símbolo incapaz de promover a regeneração (Champlin, 2002, v. 1, p. 457).

7   O modelo apostólico de culto é compreendido como as partes litúrgicas descritas por Paulo aos Coríntios: "Que fazer, pois, irmãos? Quando vos reunis, um tem salmo, outro, doutrina, este traz revelação, aquele, outra língua, e ainda outro, interpretação. Seja tudo feito para edificação" (I Coríntios, 14: 26).

> *Não basta escutarmos a Palavra apenas com os ouvidos, pois devemos deixá-la penetrar em nossos corações, para que com ele possamos escutar a voz do Espírito Santo, ou seja, com grande emoção e conforto sentir a confirmação do Espírito e o poder da Palavra. Nem basta sermos batizados, mas o homem interior, que revestimos de Cristo no batismo, deve também se revestir de Cristo e dar testemunho dele na vida exterior.*
> (Olson, 1999, p. 492)

Como você pode imaginar, o movimento pietista despertou severas críticas por parte da ortodoxia luterana. Seus seguidores foram denunciados como criadores de uma "nova religião" que alterava o cristianismo e Spener foi expulso de Frankfurt. Em 1686, foi instituído capelão da corte do príncipe da Saxônia; porém, pelo seu fervor pietista, angariou a antipatia do príncipe. Em 1691, tornou-se pastor em Berlim.

Spener morreu em 1705 e, "a seu pedido, foi sepultado com vestes brancas em um caixão branco, como símbolo da esperança em seu futuro no céu e no futuro da cristandade[8]" (Campbell, 1991, citado por Olson, 1999, p. 493).

1.2.4 August Hermann Francke

Considerado o gênio organizador do pietismo, August Hermann Francke (1663-1727) nasceu na cidade alemã de Lübeck e teve formação pietista. Em 1684 iniciou seus estudos de teologia na Universidade de Leipzig e, logo em seguida, assumiu a liderança do "grupo de amantes da Bíblia". Francke viveu dias inglórios tomado

---
8 "A palavra indica o mundo cristão. Tem uma aplicação geral a qualquer época, quando se refere a todos os aspectos da fé e das instituições cristãs, coletivamente consideradas" (Champlin, 2002, v. 1, p. 972).

de incertezas, até experimentar uma radical conversão: "Tomado de preocupação e dúvida, caí de joelhos, mas, com alegria inefável e grande certeza, levantei-me. Quando me ajoelhei, não acreditava que Deus existia, mas ao me levantar acreditei ao ponto de dar meu sangue sem medo nem dúvida" (Francke, 1983, citado por Olson, 1999, p. 493).

Após essa experiência, Francke adotou como tema de seus escritos a necessidade de o cristão viver aquilo que ele denominava "a luta do arrependimento". Para Francke, quem não vivesse essa experiência não poderia ter convicção da genuína fé cristã.

Em 1690, ele ajudou a fundar a Nova Universidade Pietista de Halle. Pastoreou uma Igreja luterana e fundou as Instituições Francke, as quais eram constituídas de escolas, orfanato, editora e centro missionário. Com o patrocínio do rei da Dinamarca, Francke enviou missionários protestantes para a Índia. Ao falecer, em 1727, era considerado o líder do pietismo na Alemanha e em parte da Europa.

1.2.5 Nikolaus Ludwig von Zinzendorf

Nikolaus Zinzendorf (1700-1760) é considerado um dos personagens mais controvertidos do pietismo, pois levou o movimento ao extremo.

Nascido em Dresden, foi criado pela avó, que era profundamente envolvida com o pietismo de Spener e Francke. Zinzendorf nasceu conde e, aos 6 anos, escrevia poesia declarando seu amor a Cristo. Aos 10 anos começou a estudar na Universidade de Halle sob a orientação de Francke. Com 16 anos, iniciou seus estudos em Direito na Universidade de Wittenberg, oportunidade em que ajudou a fundar o grupo pietista Ordem do Grão de Mostarda. Certa ocasião, quando visitava uma das cidades da Europa, a fim de completar seus estudos, Zinzendorf chegou a Düsselford e, ao entrar numa galeria de arte, ficou muito impressionado com uma pintura de Cristo crucificado feita no século anterior, e, sob a tela, as seguintes palavras: "Tudo isto eu fiz por ti! – Que fazes tu por mim?". Isso produziu uma crise na vida de Zinzendorf, ele voltou para casa com desejo ardente de servir ao Senhor (Knight; Anglin, 2004, p. 307).

Depois de formado, Zinzendorf adquiriu, em 1727, uma propriedade a que nomeou *Guardião do Senhor*. Nesse lugar abrigou um grupo de irmãos boêmios que escapavam da perseguição religiosa na Áustria. Por terem passado pela Morávia antes de chegarem à Alemanha, tais irmãos foram chamados de *morávios*.

Embora o conde tenha sido ordenado pastor pela Igreja luterana, paralelamente a suas atividades eclesiásticas no luteranismo ele se tornou benfeitor e líder espiritual da Igreja dos Irmãos Morávios.

Zinzendorf era contrário à ortodoxia formal do luteranismo e criticava a frieza espiritual da Igreja. Para ele, "era muito mais importante o arrependimento, a fé pessoal e o que os cristãos evangélicos da atualidade chamam de relacionamento pessoal com Jesus Cristo" (Olson, 1999, p. 497).

Na busca de um cristianismo prático, o conde implantou, entre os irmãos morávios, cultos especiais para o louvor, como os de espera do Ano Novo, os para celebrar a manhã de Páscoa, aqueles para encenação da Paixão de Cristo, os de vigília, os missionários, entre outros.

Zinzerdorf faleceu em 1760, mas seu legado permanece vivo quando seus ensinos são observados e os cultos são celebrados nos formatos que ele propôs.

1.2.6 Principais temas do pietismo

O movimento pietista em favor da renovação espiritual da Igreja provocou mudanças na teologia; antes o foco era o que Deus *faz pelas* pessoas; depois, no pietismo, o foco passou a ser o que Deus *realiza dentro* das pessoas.

A preocupação, que anteriormente era o batismo, depois do pietismo, passou a ser a conversão. Desse modo, é possível afirmar que o primeiro marco do pietismo é o **cristianismo de experiência**. Em outras palavras, não basta o indivíduo ser batizado para cumprir o sacramento; é necessário que ele experimente o novo nascimento e a regeneração. O segundo marco do pietismo é o **cristianismo tolerante**. Os pietistas desaprovavam as exageradas polêmicas da teologia luterana, que se preocupava em desconstruir as outras teologias[9]. O terceiro marco do pietismo é o **cristianismo visível**. Os pietistas acreditavam que o autêntico cristão deveria revelar sua genuína conversão e comunhão com Deus por meio de atitudes, comportamentos, ações e conduta ilibada. O quarto e último marco do pietismo é o **cristianismo ativo**. Os pietistas demonstravam interesse sincero na transformação do mundo e, por isso, estimulavam o evangelismo e os trabalhos missionários.

---

9   A teologia luterana enfatiza a soberania de Deus em oposição ao livre-arbítrio, realiza o batismo infantil em oposição ao batismo adulto, ensina a doutrina da transubstanciação – crença em que na Ceia do Senhor o pão e o vinho são literalmente transformados em carne e sangue de Cristo, em oposição à consubstanciação – em que o pão e o vinho são meros símbolos da carne e do sangue de Cristo (Champlin, 2002, v. 3, p. 926).

1.2.7 Legado do pietismo

O pietismo surgiu entre os luteranos alemães com a proposta de restaurar a Igreja alemã da ortodoxia formalista. O "pietismo ressaltava a experiência religiosa pessoal, especialmente o arrependimento (a experiência da própria indignidade diante de Deus e da necessidade da graça) e a santificação (a experiência do crescimento pessoal na santidade, que envolve o progresso até o cumprimento completo ou perfeito da intenção de Deus)" (Campbell, 1991, citado por Olson, 1999, p. 486). A Faculdade de Teologia da universidade em Leipzig afirmava ter encontrado 600 erros teológicos na religiosidade dos pietistas[10]; no entanto, nada pôde deter o avanço do pietismo.

De fato, a influência do pietismo ultrapassou os limites do luteranismo, alcançou a Europa e especialmente a América do Norte. As denominações protestantes norte-americanas foram impactadas pelo pietismo. O movimento influenciou a vida e a teologia de John Wesley e do metodismo, e também serviu de base para várias Igrejas independentes. "Os grupos de reavivamento, incluindo os pentecostais e Igrejas de santidade, como os nazarenos e as Assembleias de Deus, podem ser vistos como extensões [...] do pietismo cristão" (Olson, 1999, p. 503).

---

10 Os pietistas eram acusados de erros por praticarem uma religiosidade que segundo seus opositores provocava fanatismo, ascetismo e separação desnecessária de outros cristãos. Eram considerados dotados de espiritualidade inferior e até mesmo de não serem cristãos autênticos (Champlin, 2002, v. 5, p. 272).

1.3 Puritanismo e metodismo

Durante dois séculos, o protestantismo inglês abraçou o movimento puritano. A mensagem puritana era contrária ao comportamento e às atitudes mundanas e seu maior expoente foi Jonathan Edwards (1703-1758). Após o enfraquecimento do puritanismo, surgiu o movimento metodista, liderado por John Wesley (1703-1791). Os metodistas pregavam a necessidade da santificação e a existência de uma segunda obra da graça, que mais tarde passou a ser chamada de *batismo no Espírito Santo*.

1.3.1 Origem do movimento puritano

O puritanismo começou no século XVI com o propósito de "purificar" a Igreja anglicana da Inglaterra. O movimento defendia a libertação da Igreja de práticas consideradas católicas romanas e entre suas reivindicações estavam a abolição do cargo de bispo, a supressão do uso de vestimentas sacerdotais, a proibição do incenso, a retirada dos altares-mores e das imagens.

Seus seguidores se opunham ao sinal da cruz e à presença de padrinhos no batismo e aspiravam à observância do domingo[11] e a um culto sem pompa, mais simples, espiritualizado e centrado na pregação da Palavra.

Os puritanistas estavam divididos entre "separatistas" e "não separatistas". Os primeiros acreditavam que a corrupção da Igreja anglicana estava muito arraigada e não era passível de solução;

---

11 Os puritanos consideravam o domingo o dia de descanso. Tinha valor equivalente ao do sábado judeu. A violação do domingo era uma ofensa grave. A adoração dominical era elemento essencial para a vida religiosa (Champlin, 2002, v. 5, p. 514).

por isso, saíram da Igreja oficial e fundaram igrejas livres. Já os segundos acreditavam que as mudanças eram possíveis e, portanto, permaneceram na Igreja oficial na esperança de restaurá-la internamente. Um dos ramos do puritanismo deu origem ao movimento batista.

1.3.2 Jonathan Edwards

O maior pensador e pregador puritano foi Jonathan Edwards (1703-1758). Ele foi considerado um grande avivador, tornando-se um dos mais influentes pregadores no Grande Despertamento na década de 1740. Ficou muito famoso com o sermão "Pecadores nas mãos de um Deus irado". Segundo Boyer (1997, p. 5-6), durante esse sermão:

> Um homem correu para frente, clamando: Sr. Edwards tem compaixão! Outros se agarraram aos bancos pensando que iam cair no inferno.
>
> Imediatamente antes desse sermão, por três dias Edwards não se alimentara; durante três noites não dormira. Rogara a Deus sem cessar: "Dá-me a Nova Inglaterra!". Ao levantar da oração, dirigindo-se ao púlpito, alguém disse que tinha o semblante de quem fitara, por algum tempo, o rosto de Deus. Antes de abrir a boca para proferir a primeira palavra, a convicção caiu sobre o auditório.

Edwards nasceu no estado de Connecticut, na Nova Inglaterra. Era neto de Salomão Stoddard, um dos maiores teólogos puritanos. Edwards formou-se em 1724, na Faculdade de Yale. Escreveu mais de 600 sermões. Olson (1999, p. 517) assim o descreve:

> Era um homem de grande devoção e piedade, que concordava com os pietistas alemães (quer os tenha lido ou não) ao acreditar que o cristianismo verdadeiro está mais no coração do que no intelecto. [...] Sua pregação

era avivadora e visava apelar ao coração dos ouvintes a fim de levá-los ao despertar religioso. Às vezes provocava reações emocionais exageradas que assustava até mesmo a ele.

Os adversários do despertamento o acusavam de fanatismo. Em sua defesa, Jonathan Edwards escreveu:

> Deus, conforme as Escrituras, faz coisas extraordinárias. Há motivos para crer, pelas profecias da Bíblia, que sua obra mais maravilhosa seria feita nas últimas épocas do mundo. Nada se pode opor às manifestações físicas, como as lágrimas, gemidos, gritos, convulsões, falta de forças... De fato, é natural esperar, ao lembrarmo-nos da relação entre o corpo e o espírito, que tais coisas aconteçam. Assim falam as Escrituras: do carcereiro que caiu perante Paulo e Silas, angustiado e tremendo; do Salmista que exclamou, sob a convicção do pecado: "Envelheceram os meus ossos pelo meu bramido durante o dia todo" (Salmo 32.3); dos discípulos, que, na tempestade do lago, clamaram de medo; da Noiva, do cântico dos Cânticos, que ficou vencida, pelo amor de Cristo, até desfalecer... (Boyer, 1997, p. 57)

Jonathan Edwards foi pastor em Northampton. Em 1750, foi expulso pelo conselho da Igreja por causa de suas prédicas em favor dos indígenas e por proibir a Ceia do Senhor aos não convertidos. Mudou-se, então, para Massachusetts para ser missionário entre os indígenas. Anos depois, em 1757, transferiu residência para Nova Jersey, a fim de ocupar a presidência da Universidade de Princeton. Na época, ocorreu um surto de varíola na cidade, então um hábil médico foi chamado de Filadélfia para vacinar os docentes e estudantes da universidade. Edwards recebeu uma vacina estragada que lhe provocou uma alta febre e, 30 dias depois de tomar posse na universidade, o príncipe dos puritanos expirou.

1.3.3 Principais elementos da ética puritana

A ética puritana era contrária a toda forma de mundanismo, manipulação política e diversões tipicamente mundanas[12]. Por causa dessa ênfase, seus seguidores foram diversas vezes acusados de legalistas. No entanto, transformar o puritanismo numa caricatura de legalismo, rigidez moral e intolerância religiosa é uma demonstração de total desconhecimento do movimento. Sua teologia, desenvolvida pelo seu maior expoente, é uma mescla de calvinismo e pietismo: "Nenhum teólogo na história do cristianismo sustentou um conceito mais elevado ou enfático da majestade, da soberania, da glória e do poder de Deus do que Jonathan Edwards" (Olson, 1999, p. 518).

Um dos grandes clássicos da ética puritana é *O peregrino*, de John Bunyan. Na obra, é retratado que a peregrinação e o conflito são realidades inerentes à vida cristã e devem ser enfrentados com devoção e disciplina. Os principais elementos da ética puritana podem ser assim resumidos:

> *O pecado é sufocado no homem quando este se ocupa em labor diligente. E o trabalho árduo também afasta a pobreza da porta da casa. [...] Os puritanos sempre se mostram ativos na promoção dos valores educacionais e culturais [...]. O dia de descanso era um dia doméstico, e, em geral, a família, a unidade da família, a adoração e o cultivo do caráter cristão eram questões muito enfatizadas [...] O estudo das Sagradas Escrituras fazia parte da vida diária [...] A ninguém era permitido viver*

---

[12] A ética puritana era contrária à promiscuidade da Igreja com a política, era desfavorável às ideologias contrárias à fé cristã, reprovava as peças teatrais sob a alegação de que faziam apologia ao pecado e que promoviam a desconstrução dos valores morais (Champlin, 2002, v. 5, p. 514).

só para si mesmo [...]. A igreja local era o centro da vida e das atividades comunitárias. (Champlin, 2002, v. 5, p. 514)

Esses aspectos do puritanismo servem de incentivo para o exercício da disciplina cristã, como a busca em ocupar a mente com os valores espirituais e os de ordem moral e o compromisso com o culto dominical, a adoração, a leitura e o estudo sistemático das Escrituras. Consideremos, no entanto, que o problema é quando o rito se torna legalismo e a prática fica resumida ao exercício do farisaísmo.

1.3.4 Origem do movimento metodista

O movimento puritano não logrou êxito em reformar a Igreja anglicana na Inglaterra. A história do puritanismo se estendeu por cerca de dois séculos. Após o Grande Despertamento das décadas de 1730 e 1740, o movimento enfraqueceu. Muitos puritanos emigraram para a América do Norte. Aqueles que permaneceram na Inglaterra dividiram-se nas denominações congregacional, presbiteriana e batista. A Igreja anglicana permaneceu formal e racionalista:

> *Era igual à condição da igreja em Sardo: um nome para viver, mas morta. O povo estava embrutecido, os ministros da Igreja Anglicana não cumpriam seus deveres, e muitos gastavam seu tempo caçando e jogando, e alguns eram bêbados. As denominações eram espiritualmente mortas e sem poder, e a maior parte caiu em heresia.* (Knight; Anglin, 2004, p. 312)

Diante dessa realidade caótica, sem a influência puritana, a Igreja anglicana distanciou-se da espiritualidade. Nesse contexto surgiu John Wesley, que "estava decidido a reavivar o espírito evangélico da Igreja da Inglaterra, mas sem impor a teologia reformada às pessoas. Pelo contrário, sua teologia era o que Sell chama de 'arminianismo do coração', um arminianismo[13] combinado com o pietismo que ardia com o fogo do coração" (Olson, 1999, p. 522).

1.3.5 John Wesley

John Wesley (1703-1791) nasceu na Inglaterra do século XVIII. Era o 15º dos 19 filhos do ministro anglicano Samuel Wesley e de sua esposa Susana.

Em 1708, quando Wesley contava 5 anos e meio, a casa pastoral onde morava com a família foi tomada pelas chamas. Todos dormiam até que escombros caíram sobre a cama de uma de suas irmãs, que acordou e foi avisar o pai. Todos correram para salvar-se do fogo, exceto John Wesley, que ficou dormindo. No jardim da casa, o pai Samuel Wesley reuniu a família e de joelhos clamaram pela vida do pequeno John. Enquanto oravam, o menino acordou, dirigiu-se para a janela e foi visto por um vizinho. Três homens subiram nos ombros uns dos outros, fazendo uma escada humana, e alcançaram John no compartimento superior da casa.

Ao receber o menino são e salvo em seus braços, Samuel Wesley clamou aos vizinhos: "Cheguem, amigos! Ajoelhemo-nos e agradeçamos a Deus! Ele me restituiu todos os meus filhos; deixem a casa arder; os meus recursos são suficientes" (Boyer, 1997, p. 60). Muito tempo depois, em uma publicação aparecia uma casa em chamas

---

13 O termo *arminianismo* deriva do nome do teólogo holandês Jacobus Arminius (1560-1609). Os discípulos de Arminius redigiram um documento chamado *Remonstrance*, que consistia, basilarmente, em cinco pontos divergientes da doutrina da salvação preponderante, tema que será abordado no Capítulo 8.

e sobre ela a fotografia de John Wesley com a seguinte inscrição: "Não é este um tição tirado do fogo?" (Zacarias, 3: 2). Em seu diário, Wesley falava de si mesmo como um "tição arrancado das chamas" (Olson, 1999, p. 522).

A família de Wesley entendeu que esse episódio não era mera coincidência. Estavam convencidos de que Deus tinha um plano especial na vida de John. Sua mãe, Susana, como sempre fizera com todos os filhos, dedicou-se a ensinar-lhe a Palavra e as virtudes cristãs. O crescimento espiritual de John era notável, de modo que, aos 8 anos de idade, foi aceito para participar da Ceia do Senhor. Aos 10 anos, com a ajuda do duque de Buckingham, John Wesley partiu para Londres a fim de estudar. Após concluir seus estudos, aos 16 anos ingressou na Universidade de Oxford e preparou-se para o ministério da Igreja da Inglaterra.

Quando estudante universitário em Oxford, Wesley reunia-se com um grupo de colegas diariamente para orar, ler e estudar a Bíblia. O grupo era conhecido na universidade como o "Clube Santo" e, como se reuniam sempre no mesmo horário e seguiam o mesmo método para todas as atividades, passaram a ser chamados de *metodistas*. Três integrantes desse grupo ficaram extremamente conhecidos na história da Igreja: o primeiro foi o próprio John Wesley, que gerou grande avivamento para a Inglaterra; o segundo foi Charles Wesley (irmão de John), que se tornou um famoso escritor de hinos evangélicos; e o terceiro foi George Whitefield, que ficou conhecido como o mais comovente pregador ao ar livre.

Wesley viveu 88 anos. Durante seu ministério de 54 anos, pregou mais de 20 mil sermões. Em 2 de março de 1791, às 10 horas da manhã, levantou a mão e exclamou: "O melhor de tudo é que Deus está conosco", e assim partiu para a eternidade (Boyer, 1997, p. 72).

1.3.6 Principais doutrinas metodistas

A teologia de Wesley era arminiana e se assemelhava à teologia dos pietistas alemães. Ele pregava a conversão e enfatizava a necessidade da experiência e de uma vida santificada. Podemos resumir seu método teológico no quadrilátero "Escrituras, razão, tradição e experiência". As Escrituras eram a autoridade suprema; e a razão, a tradição e a experiência deviam passar pelo crivo das Escrituras.

Quando os púlpitos das Igrejas anglicanas lhe foram negados, Wesley e seus companheiros começaram a pregar ao ar livre. Passaram, então, a ser perseguidos pela Igreja oficial e as pregações ao ar livre foram consideradas uma extravagância (Knight; Anglin, 2004, p. 313).

John Wesley ensinava sobre a existência de uma segunda obra da graça subsequente à salvação, que ele entendia ser uma santificação plena. Segundo Araújo (2007, p. 587), John Fletcher (1729-1785), um dos principais teólogos metodistas, foi o primeiro a usar a expressão *batismo no Espírito Santo* para descrever o processo de santificação pregado por Wesley. Fletcher enfatizava as mudanças espirituais ocasionadas pelo *novo nascimento* na vida do cristão e estimulava as atividades de socorro, solidariedade e reforma social. Esses princípios ainda regem os pentecostais, ou seja, na doutrina pentecostal, os que recebem o batismo no Espírito Santo são dotados de um revestimento de poder que os capacita ao trabalho cristão, concede maior sensibilidade contra o pecado e os impulsiona a viver em santidade (Araújo, 2007, p. 119).

1.3.7 Legados do puritanismo e do metodismo

Embora iniciados na Inglaterra, esses dois movimentos tiveram maior impacto na América do Norte e, a partir daí, no restante do mundo. Tanto os puritanos como os metodistas desejaram reavivar a Igreja anglicana. Edwards e Wesley estiveram comprometidos com a ortodoxia cristã e resistiram ao racionalismo anglicano. No entanto, ambos os movimentos se afastaram da Igreja oficial. A teologia britânica, mesmo com toda a resistência oferecida aos movimentos, também acabou influenciada por eles: "A diferença produzida pela revivificação, dizem alguns historiadores, evitou a repetição na Inglaterra do desastre que se deu na França, chamada o *Reinado de Terror*" (Knight; Anglin, 2004, p. 312, grifo do original).

Acerca da contribuição desses movimentos para o protestantismo, podemos citar:

> *o cristianismo evangélico contemporâneo nos Estados Unidos e os movimentos que se originaram dele [...]. O segundo legado deixado por Edwards e Wesley ao evangelicalismo contemporâneo é a 'ortodoxia ardente' [...]. A experiência transformadora com Deus é o que torna uma pessoa verdadeiramente cristã.* (Olson, 1999, p. 528-529)

Na América do Norte, a partir de 1776, por influência especial dos metodistas que eram arminianos, surgiram avivamentos diversos, e o fenômeno foi descrito como "arminianização da América" ou, ainda, o "século metodista". Por fim, o metodismo do século XVIII deu origem ao Holiness Movement (Movimento de Santidade) do século XIX, considerado berço do pentecostalismo nos Estados Unidos.

Síntese

Neste capítulo, esclarecemos que a origem do movimento pentecostal está fundamentada nas Sagradas Escrituras. Também explicamos que, apesar de o pentecostalismo ter sido ignorado por uma razoável parcela de cristãos durante muitos séculos, sempre houve na história da Igreja os remanescentes fiéis, que, depois de despertados, retornaram aos primórdios do cristianismo por meio dos movimentos pietismo e metodismo.

Atividades de autoavaliação

1. Com base no que foi apresentado sobre o Pentecostes no início deste capítulo, classifique as seguintes afirmativas como verdadeiras (V) ou falsas (F):
   ( ) O movimento pentecostal tem analogia com o evento registrado no livro de Atos dos Apóstolos.
   ( ) Ao cumprir-se o dia da Festa do Pentecostes, os que estavam reunidos no cenáculo ficaram cheios do Espírito Santo e começaram a falar noutras línguas.
   ( ) Em obediência a Cristo, cerca de 120 discípulos permaneceram reunidos em oração no cenáculo por aproximadamente 20 dias.
   ( ) Cinquenta dias após a ressurreição, Cristo reuniu os seus discípulos no monte das Oliveiras e determinou ao grupo que não se ausentasse de Jerusalém.

2. Com relação ao movimento de Montano, assinale a alternativa correta:
   a) Alegando ter visões e amparando-se por supostas revelações das profetisas, o grupo exortava os cristãos à tomada do poder político.
   b) Os montanistas pregavam o jejum como meio de afligir a alma, a abstinência sexual para fugir da imoralidade e o poder temporal como meio de conquista.

c) Montano estimulava irrestrita obediência à autoridade especial dos bispos (como herdeiros dos apóstolos) e também aos escritos apostólicos.

d) O movimento reivindicava uma "nova profecia" com todos os sinais e milagres dos dias da Igreja primitiva no Pentecostes.

3. Indique se as seguintes considerações sobre o pietismo são verdadeiras (V) ou falsas (F):

( ) O pietismo foi um movimento que esboçou reação contra a ortodoxia luterana alemã.

( ) Os teólogos alemães, após a morte de Lutero, começaram a sistematizar a ortodoxia luterana.

( ) A ortodoxia alemã tornou-se árida e incluía o estudo da teologia natural.

( ) O pietismo reiterava o tema de que a reforma doutrinária iniciada por Lutero precisava ser consumada por uma nova reforma de vida.

4. Conforme os principais elementos da ética puritana, assinale a alternativa correta:

a) A ética puritana era favorável a toda forma de mundanismo, manipulação política e diversões tipicamente mundanas.

b) Os puritanos ensinavam que o pecado pode ser sufocado e a pobreza afastada quando o homem ocupa a mente com o trabalho.

c) A prática egoísta era tolerada e todos eram chamados a ter uma vida de facilidades.

d) Reiterava o que a reforma doutrinária iniciada por Lutero precisava ser consumada por uma nova reforma de vida.

5. Indique se as seguintes considerações sobre o metodismo são verdadeiras (V) ou falsas (F):
   ( ) A teologia de Wesley era arminiana e assemelhava-se à teologia dos pietistas alemães.
   ( ) O metodismo pregava a conversão e enfatizava a necessidade da experiência e de uma vida santificada.
   ( ) John Wesley ensinava sobre a existência de uma segunda obra da graça, subsequente à salvação.
   ( ) Um dos principais teólogos metodistas, John Fletcher (1729-1785) recusava-se a usar o termo *batismo no Espírito Santo*.

Atividades de aprendizagem

Questões para reflexão

1. Montano, em seu propósito de santificar a Igreja, combater o episcopado monárquico e reafirmar as doutrinas do Espírito Santo, cometeu excessos, como colocar a autoridade das Escrituras Sagradas em pé de igualdade com as profecias. Você acredita que hodiernamente existem líderes cristãos que estão repetindo as atitudes de Montano?

2. Tertuliano, que por mais de 20 anos esteve na vanguarda das fileiras cristãs e notoriamente é um dos mais profícuos apologistas da história cristã, no fim de sua vida aderiu às heresias de Montano. São comuns os casos de pessoas que andaram piedosamente nos preceitos cristãos, porém, ao findar da vida, deixaram-se seduzir por heresias e modismos doutrinários?

Atividades aplicadas: prática

1. Faça uma rápida pesquisa com membros de Igrejas pentecostais e pergunte a eles: Após o advento do Pentecostes, em Atos dos Apóstolos, quais foram os principais movimentos cristãos que influenciaram o pentecostalismo moderno?

2. Compare as respostas dos pesquisados com as informações estudadas neste capítulo e faça um relatório acerca do conhecimento da história eclesiástica por parte dos pentecostais.

capítulo dois

O pentecostalismo norte-americano

02

Conforme vimos no Capítulo 1, os movimentos montanista, pietista, puritanista e metodista são considerados precursores do moderno pentecostalismo. Horton (1996, p. 12) sinaliza que os avivamentos do fim do século XVII e início do século XVIII, na Europa e na América do Norte, despertaram os cristãos "a buscarem uma nova dimensão espiritual. Essa segunda obra da graça, posterior à conversão, libertaria os crentes de sua natureza moral imperfeita, que os têm induzido ao comportamento pecaminoso".

Esses ensinamentos encontraram espaço e foram amplamente divulgados em solo americano. Uma explicação sociológica que podemos apresentar é a motivação religiosa que estimulou grande parte dos colonizadores a migrar para os Estados Unidos: "a mudança de ingleses, franceses, espanhóis, suecos e holandeses para os Estados Unidos não pode ser dissociada do transplante da religião que praticavam na sua terra natal" (Cairns, 1995, p. 309).

Ainda segundo Cairns (1995, p. 315), as várias Igrejas criadas pela Reforma foram transplantadas para os Estados Unidos".

Os avivamentos aconteceram em épocas diversas, duraram pelo menos uma década e contribuíram para a implantação do movimento pentecostal.

2.1 Avivamento em solo norte-americano

Os colonizadores da América do Norte contribuíram fortemente para o avivamento espiritual que alcançaria proporções inimagináveis. Impactadas com as mensagens que reavivaram a Europa, as Igrejas norte-americanas experimentaram dois grandes avivamentos: o da Alemanha e o da Inglaterra. Posteriormente, Charles Finney (1792-1875) foi responsável pelo reavivamento seguinte. Ele pregava a necessidade de uma vida santificada e do batismo com o Espírito Santo.

2.1.1 Primeiro grande avivamento norte-americano

Segundo Cairns (1995, p. 316), a partir de 1726, aconteceu um grande avivamento nas Igrejas holandesas reformadas de Nova Jersey por meio da pregação de Theodorus Frelinghuysen (c. 1691- c. 1747), que exortava o povo à prática de uma vida moral e espiritual. Esse avivamento se espalhou pelas 13 colônias norte-americanas. Em 1739, quando o metodista George Whitefield (1714-1770) visitou as colônias do centro, encontrou um povo pronto para receber o reavivamento. Os presbiterianos do centro então levaram o avivamento para as colônias do sul. Whitefield viajou por todas as colônias norte-americanas, no período de 1738 e 1769, pregando o reavivamento. Podemos caracterizar o grande avivamento como o despertar norte-americano, semelhante ao que aconteceu com o movimento pietista na Alemanha e com o metodismo na Inglaterra. Os resultados foram extremamente positivos:

> O movimento caracterizou-se por alcançar resultados incomuns. Entre 30 e 40 mil pessoas e 150 novas Igrejas foram acrescentadas somente na Nova Inglaterra numa população de 300 mil. Outros milhares passaram a integrar as Igrejas das colônias do sul e do centro. Verificou-se um fortalecimento moral nos lares, no trabalho e no lazer. Universidades como Princeton, Columbia, Hampden-Sydney foram criadas para formar ministros para as muitas congregações que surgiam. [...] o avivamento exerceu uma influência enorme na vida dos Estados Unidos, ajudando a preparar espiritualmente o povo para enfrentar os problemas decorrentes das guerras contra os franceses e contra os índios, de 1756 a 1763.
> (Cairns, 1995, p. 317-318)

O avivamento serviu também para sustentar a fé durante a Guerra da Independência dos Estados Unidos. Por influência da Igreja, ao fim da guerra, na Primeira Emenda à Constituição Americana foi inserido dispositivo que proibia a oficialização de qualquer Igreja e que garantia o direto de liberdade de religião. As Igrejas ainda seguiram o exemplo do Estado, que criara um governo nacional, e também se organizaram nacionalmente: os metodistas, os anglicanos, os presbiterianos, os holandeses e os alemães reformados. Essas Igrejas nacionais passaram por uma renovação espiritual por ocasião do segundo grande avivamento.

2.1.2 Segundo grande avivamento norte-americano

Passado o período do primeiro avivamento, no início do século XIX as colônias norte-americanas enfrentavam problemas com o declínio da moral e da religião e havia problemas de ordem social causados pelo abuso da bebida alcoólica.

Conforme Araújo (2011, p. 590), em 1801, durante o segundo avivamento, em um acampamento presbiteriano em Kentucky (EUA), 3 mil pessoas ficaram em estado de júbilo e outras centenas falaram em línguas sobrenaturais. Esse acampamento foi "marcado por estranhos fenômenos, como quedas, pulos, meneios, danças e ladridos. Não houve, porém, nenhuma contestação dos resultados positivos do reavivamento, que muito beneficiou as regiões fronteiriças de Kentucky e Tennesse" (Cairns, 1995, p. 398).

Em 1802, foi a vez da Universidade de Yale experimentar o avivamento. Timothy Dwight (1752-1817), reitor de Yale, passou a pregar na capela e um terço dos alunos abandonou a incredulidade e converteu-se. A partir daí outras universidades foram atingidas pelo despertamento. Esse segundo avivamento também alcançou resultados positivos:

> *A bebedice e a obscenidade deram lugar a comportamentos mais dignos, especialmente entre os metodistas e batistas, que cresceram em número. [...] Em três anos, mais de dez mil pessoas filiaram-se a igrejas batista em Kentucky.*
>
> *Por essa época as reuniões de oração no meio da semana tornaram-se uma importante instituição no cristianismo americano.* (Cairns, 1995, p. 398-399)

O resultado imediato desse avivamento foi a transformação de vidas e a mudança nas atitudes daqueles que eram impactados pelo despertamento espiritual. A prática da oração, o caráter, a ética e a moral cristã passaram a ser norma de comportamento tanto na conduta pessoal como nas relações com o próximo.

2.1.3 Reavivalismo de Charles Finney

Os avivamentos espirituais permaneceram em solo norte-americano. Em 1821, Charles Finney, um notável advogado, converteu-se ao Evangelho e deu início a uma grande campanha de reavivamento em Rochester, Nova Iorque.

Finney nasceu em um lar de descrentes e formou-se em Direito. Ao encontrar citações da Bíblia em seus livros de jurisprudência, decidiu comprar uma e estudá-la. Em seguida, passou a frequentar os cultos e ficou preocupado com a formalidade e frieza presentes na Igreja. Em sua autobiografia, Finney registrou o seguinte:

> *Ao ler a Bíblia, ao assistir às reuniões de oração, e ouvir os sermões do senhor Gale, percebi que não me achava pronto a entrar nos céus... Fiquei impressionado especialmente com o fato de as orações dos crentes, semana após semana, não serem respondidas. [...] Ouvia os crentes pedirem um derramamento do Espírito Santo e confessarem, depois, que não o receberam. [...] Mas ao ler mais a Bíblia, vi que as orações dos crentes não eram respondidas porque não tinham fé, isto é, não esperavam que Deus lhes daria o que pediam... Entretanto, com isso senti um alívio acerca da veracidade do Evangelho... e fiquei convicto de que a Bíblia, apesar de tudo, é a verdadeira Palavra de Deus.* (Finney, citado por Boyer, 1997, p. 126-127)

Após sua conversão, Finney sentiu-se despertado para a evangelização e a proclamação do Reino de Deus. Passou a usar métodos inovadores, como realizar "cultos previamente anunciados por distribuição de folhetos, linguagem coloquial na pregação, horários não padronizados para os cultos, citar os nomes das pessoas nas orações públicas e nos sermões, e o 'lugar dos aflitos' ao qual as pessoas com perguntas poderiam ir" (Cairns, 1995, p. 299).

Estima-se que entre 1857 e 1858 milhares de almas tenham se convertido nos cultos promovidos por Finney. Goforth (citado por Boyer, 1997, p. 136) afirma que, "em 1857, Finney via cerca de 50 mil, todas as semanas, converterem-se a Deus". Em 1876, Charles Finney relatou seu batismo de poder[1] no seu livro *Memórias*.

Durante o período em que foi presidente do Oberlin College, de 1851 a 1866, Finney formou cerca de 20 mil alunos. Em seus ensinos, enfatizava o coração puro e o batismo com o Espírito Santo. Escreveu as obras *Discursos sobre avivamentos*, *Memórias*, *Discursos aos crentes* e *Teologia sistemática*, este último considerado sua maior obra. Finney faleceu em 16 de agosto de 1875. No dia anterior tinha pregado seu último sermão, com a idade de 82 anos.

2.2 Movimento de Santidade

Como resultado dos avivamentos experimentados, da influência pietista e metodista, os pregadores norte-americanos cada vez mais salientavam a necessidade de uma vida santificada. Seus sermões exortavam o povo à consagração. Os dons espirituais e a vida controlada pelo Espírito Santo passaram a ser tema central das mensagens. Esses ensinos do Movimento de Santidade inflamaram

---

1 Para a doutrina pentecostal, o batismo no Espírito Santo é considerado "revestimento de poder". Portanto, *batismo de poder* e *batismo no Espírito Santo* são sinônimos. Esse revestimento de poder concede ao crente ousadia para fazer grandes obras (Araújo, 2007, p. 119). Veja também a Seção 1.3.6 desta obra – Principais doutrinas metodistas.

o pentecostalismo norte-americano, que atingiu seu apogeu nas últimas décadas do século XIX.

2.2.1 Influência do pietismo e do metodismo

Os avivamentos ocorridos nos séculos XIX e XX foram fortemente influenciados pelo pietismo. A ênfase pietista da necessidade de uma experiência pessoal com Deus, a começar pelo "novo nascimento" por meio do Espírito Santo, lançou a base para o surgimento dos movimentos avivalistas. Sua principal influência repercutiu no metodismo e no pentecostalismo norte-americano.

Os teólogos metodistas, especialmente John Fletcher (1729-1785), tinham modelado as aspirações do pietismo. Como comentado no primeiro capítulo, Fletcher "foi o primeiro a usar a expressão 'batismo no Espírito Santo' para descrever o processo de santificação e sua consequente segurança de felicidade espiritual" (Araújo, 2007, p. 587).

O avivamento de 1858 impulsionou as doutrinas pietistas, que passaram a ser sistematizadas pelo metodismo. A obra *Uma vida cristã mais elevada*, lançada em 1859 por William E. Boardman, tornou-se o padrão de interpretação da vida espiritual e foi "considerada a mais influente obra da literatura do insurgente Movimento da Santidade" (Araújo, 2007, p. 587). Os ensinos de que a experiência com Deus deveria refletir na maneira de viver do crente inflamaram os pregadores, que se tornaram expoentes da "santificação total". Uma série de reuniões da santidade foi organizada, de maneira que, em 1860, o avivamento da santidade impulsionou o pentecostalismo norte-americano.

2.2.2 Doutrinas do Movimento de Santidade

Também denominado *Holiness Movement*, o Movimento de Santidade enfatizava a imprescindível busca pela santidade com o objetivo de reformar a Igreja. No entanto, o movimento não foi uniforme entre os metodistas. Somente após 1880 é que os adeptos oriundos das Igrejas independentes começaram a abranger experiências além da santidade total. Eles ensinavam que a causa das enfermidades presentes na Igreja era a ausência de santificação total e também a falta de poder espiritual. Por isso, insistiam na necessidade de uma vida consagrada e afastada do pecado, e, para tanto, passaram a pregar a busca pela cura divina e a dependência à orientação do Espírito Santo.

Nesse período, uma divergência na política eclesiástica (o método de administrar) provocou o surgimento de três grupos: Igreja de Deus, Igreja de Deus da Santidade e Igreja da Santidade. Segundo Araújo (2011, p. 588), todas elas promoviam a doutrina de santidade e abriam o caminho para a experimentação; posteriormente, o pentecostalismo tornou-se um dos principais produtos resultantes dessas três Igrejas.

A vida controlada e guiada pelo Espírito Santo passou a ser a doutrina central das Igrejas independentes. Esse ensino provocou desvios de alguns seguidores e surgiram excessos a ponto de parte dos seguidores se rebelar contra as autoridades eclesiásticas, rejeitando as ordenanças e, em casos extremos, desconsiderando até mesmo a Bíblia como regra de fé. No entanto, essa distorção foi vencida pelos seus próprios excessos. De qualquer modo, a experiência "demonstrou o potencial explosivo de dependência aos dons, emoção e liderança do Espírito, fatores inerentes ao surgimento do pentecostalismo, poucos anos depois" (Araújo, 2007, p. 588).

2.2.3 Manifestações pentecostais do século XIX

As manifestações pentecostais do século XIX tiveram início com o avivamento ocorrido em 1801, durante um acampamento presbiteriano em Kentucky, quando centenas de crentes falaram línguas de modo sobrenatural. A partir desse movimento, o fogo pentecostal alastrou-se entre os norte-americanos e atingiu seu apogeu nas últimas décadas do século.

Em 1870, Asa Mahan (1799-1889) escreveu o livro *O batismo do Espírito Santo* e, no ano seguinte, Dwight L. Moody foi batizado no Espírito. Em 1895, Reuden Archer Torrey (1856-1928) publicou a obra *Batismo com o Espírito Santo*, a qual impactou a vida de muitos líderes do Movimento de Santidade, que mais tarde integraram o movimento pentecostal (Araújo, 2007, p. 590).

Ainda em 1895, Benjamin Hardin Irwin (1854-19-), pregador norte-americano nascido no Missouri (EUA), após experimentar o "batismo de fogo", começou a pregar sobre a terceira obra da graça, chamada *o fogo*, que seria um verdadeiro revestimento de poder: "a segunda bênção iniciava a santificação, e a terceira trazia o 'batismo do amor ardente' – o batismo no Espírito Santo" (Horton, 1996, p. 14).

Irwin fundou as Associações da Santidade Batizada com Fogo e, em 1900, passou a liderança para seu jovem assistente Joseph H. King, que deu continuidade ao movimento: "Em 1907 a Igreja aceitou o pentecostalismo e tornou-se uma das primeiras a ensinar oficialmente, a teoria da 'evidência inicial' do batismo no Espírito Santo" (Araújo, 2007, p. 394).

Embora a doutrina da terceira obra da graça não tenha sido aceita por todos, ela se tornou um fundamento da teologia pentecostal.

2.3 Movimento da Fé Apostólica

O movimento pentecostal norte-americano permaneceu em ascensão até o final do século XIX. Os pentecostais ensinavam que o "falar em línguas" era a evidência inicial do batismo no Espírito Santo. No início do século XX, dezenas de estudantes da Escola Bíblica fundada pelo pastor Charles Parham falaram línguas desconhecidas como sinal do batismo no Espírito Santo. A partir daí, seguiram-se outros avivamentos que atraíram milhares de cristãos. Esse avivamento recebeu o nome *Movimento da Fé Apostólica*.

2.3.1 Charles Fox Parham

As manifestações pentecostais no início do século XX estão relacionadas ao trabalho e à vida de Charles Fox Parham (1873-1929). Nascido em Iowa, Parham foi acometido na infância por uma enfermidade que atrofiou o seu crescimento físico. Aos nove anos de idade foi atacado pela febre reumática e, em virtude da enfermidade que lhe tirava as forças, Parham era obrigado a ficar em casa. Desempenhava pequenas tarefas domésticas e desfrutava da companhia de sua religiosa mãe. Quando ela morreu, em 1885, Parham jurou que serviria a Deus para encontrar-se com ela no céu.

Pouco tempo depois, Parham converteu-se. Em 1891, após um violento ataque da febre reumática, sentiu forte convicção de sua chamada para ser pregador e uma resoluta convicção na cura divina. Em 1893, assumiu o pastorado de uma Igreja metodista e dois anos depois fundou seu próprio ministério. Casou-se um ano após ter iniciado seu ministério independente e, junto com a esposa, em 1898, fundou em Topeka, Kansas (EUA), a Casa de Cura Betel, que ministrava a fé bíblica e hospedava pessoas que buscavam a cura. Parham também editava um jornal bimestral intitulado *Fé Apostólica*, no qual divulgava as doutrinas de fé e cura divinas.

No verão de 1900, Parham visitou a comunidade de santidade liderada por Frank W. Sandford (1862-1948), conhecida como *Shiloh*, Maine (EUA). Sandford era um visionário que treinou e influenciou muitos pregadores e missionários por meio da Escola Bíblica o Espírito Santo e Nós. Na Shiloh, Parham teve contato com o derramamento do Espírito Santo chamado de *chuva serôdia*. Ao retornar para Topeka, em setembro de 1900, Parham estava determinado a comprar uma área e fundar uma escola bíblica para enviar missionários controlados pelo poder do Espírito Santo.

2.3.2 Papel da Escola Bíblica Betel

Convencido de que o Espírito Santo concederia o dom de línguas com idioma humano (xenolalia), Parham fundou em Topeka, no estado de Kansas, na região central dos Estados Unidos, o Bethel Bible College, com o objetivo de preparar missionários para evangelizar em outros países. Em 31 de dezembro de 1900, para aguardar a chegada do novo século, Charles Parham e seus alunos realizaram um culto de vigília no Bible College.

Na ocasião, a estudante Agnes Ozman pediu que lhe impusessem as mãos para que recebesse o Espírito Santo. Durante a oração, para alegria de todos, ela falou em línguas desconhecidas. O fenômeno repetiu-se nas reuniões seguintes. Cerca da metade dos 34 alunos do Bible College recebeu o batismo no Espírito Santo, inclusive Charles Parham. Após essa experiência, Parham empenhou-se em difundir o movimento.

No fim de 1903, aconteceu um avivamento em Galena, Kansas, que enfatizava o batismo no Espírito Santo e a cura divina. O movimento atraiu milhares de cristãos e impulsionou o ministério de

Parham. Em 1905, com o propósito de treinar evangelistas-missionários, Parham fundou uma Escola Bíblica em Houston, Texas. Os treinamentos duravam dez semanas. A princípio, o movimento recebeu diferentes nomes: Movimento da Fé Apostólica, Movimento Pentecostal ou Chuva Serôdia. Por volta de 1906, o movimento agregava cerca de 10 mil seguidores.

Apesar desse vertiginoso crescimento, o movimento sofreu um duro golpe. No verão de 1907, Parham foi acusado de sodomia (homossexualismo). Julgado e condenado, foi preso em San Antonio, Texas. A acusação e o ataque à reputação de Parham partiram de religiosos e autoridades que faziam oposição ao seu trabalho. Parham morreu em 1929, aos 56 anos, tendo vivido as duas últimas décadas de sua vida no ostracismo e afastado do movimento que iniciara: "Contudo, o movimento não tem para com nenhuma outra pessoa maior dívida do que para com ele" (Araújo, 2007, p. 543).

2.3.3 Principal legado de Parham

Parham pregava a necessidade de uma vida santificada, enfatizava a cura divina, ensinava acerca da importância da manifestação de todos os dons espirituais, alertava sobre a iminente volta do Senhor Jesus e não media esforços para o trabalho missionário de evangelização. No entanto, a principal doutrina defendida por Parham acha-se

> na sua insistência de que falar noutras línguas representa a "evidência bíblica" vital da terceira obra da graça: o batismo no Espírito Santo, claramente ilustrado nos capítulos 2, 10, e 19 de Atos dos apóstolos [...] Parham escreveu que, [sic] os que recebiam o batismo no Espírito Santo, [sic] eram selados como a "noiva de Cristo" (2 Co 1.21,22; Ap 7.21).

> *Santificados e preparados como grupo de escol de missionários nos tempos do fim [...].* (Horton, 1996, p. 17)

Os pentecostais que acreditam que falar línguas estranhas é a evidência bíblica do batismo no Espírito Santo seguem o padrão hermenêutico de Parham. No entanto, desde 1906, os pentecostais passaram a reconhecer que, na maioria das experiências do batismo no Espírito Santo, as línguas faladas não eram identificáveis (glossolalia) em lugar de idiomas identificáveis (xenolalia), como acreditava Parham. Outra conclusão a que chegaram os pentecostais é de que as línguas servem para a oração no Espírito, intercessão e louvor, e não necessariamente para ser utilizada na pregação transcultural.

Como veremos adiante, o legado de Parham exerceu grande influência (com alcance internacional) no reavivamento ocorrido na Rua Azusa, em Los Angeles, Califórnia.

2.4 Avivamento da Rua Azusa e seus desdobramentos

Consideramos que o avivamento da Rua Azusa é o movimento pentecostal de maior relevância em virtude de sua abrangência internacional. Seu principal líder foi o pastor Joseph William Seymour (1870-1922), que fora aluno da Escola Bíblica liderada por Charles Fox Parham. Após experimentar o batismo no Espírito Santo, Seymour alugou um salão na Rua Azusa, em Los Angeles, para a pregação pentecostal. O avivamento que ocorreu de 1906 a 1909 se alastrou e impactou o resto do mundo.

2.4.1 Joseph William Seymour

O avivamento da Rua Azusa está diretamente relacionado com a vida de Joseph William Seymour. Nascido em Centerville, Louisiana, Joseph era negro e filho mais velho do casal de ex-escravos Simon e Salabar Seymour. Pouco se sabe da biografia desse pregador; no entanto, relatos informam que, a partir dos 24 anos de idade, Seymour exerceu a profissão de garçom em três hotéis famosos, desempenhando essa atividade em Indianápolis por aproximadamente cinco anos, entre 1894 e 1899. Nesse período, ele se converteu na Igreja Episcopal Metodista Negra. No início de 1900, mudou-se para Cincinnati, Ohio, onde contraiu varíola e perdeu a visão de um dos olhos. Entre 1902 e 1903, mudou-se para Houston, Texas, a fim de reencontrar a família. Na ocasião, Seymour organizou diversas reuniões evangelísticas no estado.

Entre 1904 e 1905, Seymour foi pregador em Jackson, Mississippi. Em agosto de 1905, assumiu a liderança de uma Igreja afro-americana da santidade wesleyana em Houston, Texas. No fim de 1905, passou a estudar na Escola Bíblica liderada por Charles Fox Parham. Existem relatos de que Parham contrariou as leis locais ao autorizar um negro a estudar na escola. Segundo Araújo (2011, p. 780), supostamente os alunos brancos ficavam sentados dentro da sala de aula e Seymour assistia às aulas do lado de fora, na entrada da sala. Na escola, Seymour teve contato com a doutrina do batismo no Espírito Santo com a evidência inicial de falar em outras línguas.

Em fevereiro de 1906, Seymour mudou-se para Los Angeles, onde assumiu o pastorado de uma pequena Igreja da santidade. Porém, depois de pregar o que havia aprendido na Escola de Parham, foi impedido de entrar no prédio da Igreja. Diante do impasse, Seymour foi acolhido na casa de Edward Lee, um membro da Igreja que aderira às doutrinas pentecostais. Por intermédio de Lee, Seymour passou a ensinar em um grupo de estudo bíblico que se reunia na casa do casal Richard e Ruth Asberry. Os frequentadores dessas reuniões começaram a falar em outras línguas. O grupo divulgou o fenômeno e isso atraiu verdadeira multidão. Foram, então, obrigados a encontrar um lugar maior para realizar os cultos.

2.4.2 Avivamento do triênio

Em abril de 1906, o grupo liderado por Seymour alugou um rústico edifício de madeira no número 312 da Rua Azusa, no centro de Los Angeles. Esse prédio havia abrigado uma Igreja metodista negra e, posteriormente, fora usado como cortiço e estábulo. Começava ali um avivamento de três anos que se alastraria por todo o mundo. Os cultos incluíam três ou quatro sermões ministrados pelos cooperadores de Seymour, que era o principal pregador. O movimento era conhecido como *Missão da Fé Apóstolica*.

A imprensa local costumava divulgar notícias pejorativas e profundas críticas ao movimento e a seu líder. O principal jornal da cidade mandou um repórter averiguar o fenômeno de falar em outras línguas nos cultos da Rua Azusa. O artigo, intitulado "Estranha babel de línguas", repudiou o sermão de Seymour, classificando-o como "confusão bíblica e gritos". O artigo funcionou como propaganda, pois, em seguida, afluíram aos cultos dirigidos por Seymour cristãos de todas as raças e denominações.

As multidões lotavam o salão de cultos e experimentavam o batismo no Espírito Santo. A mensagem ali ouvida era transmitida para outros lugares do país e do mundo. Uma das características mais impressionantes das primeiras reuniões pentecostais foi o caráter inter-racial em tempos de acentuado racismo. Uma frase muito proferida na missão da Rua Azusa afirmava que "a linha divisória da cor havia sido lavada pelo sangue".

2.4.3 Controvérsias no avivamento da Rua Azusa

O professor de Seymour, Charles Fox Parham, considerou que o avivamento da Rua Azusa era a extensão de seu ministério e que, por isso, ele deveria ter o controle do movimento. No final de 1906, Parham mudou-se para Los Angeles a fim de afastar Seymour e assumir a liderança do grupo. Parham fez duras críticas à condução do trabalho e considerou que o pregador negro não era competente o suficiente. Os seguidores de Seymour repudiaram o comportamento de Parham, rejeitaram sua reivindicada primazia e o expulsaram da Missão.

Rejeitado, Parham decidiu fundar um movimento concorrente. Alugou um imóvel distante cerca de cinco quadras da Rua Azusa e deu início aos cultos. A proposta era fazer contrapropaganda, desequilibrar Seymour e, se possível, arrancar-lhe os seguidores. Os jornais locais aproveitaram a cisão de Parham para ridicularizar o movimento. No entanto, Seymour não se deixou abalar. Dotado de mansidão e espírito conciliador, frequentemente permitia que seus opositores falassem nos cultos da Missão. Quando os críticos abriam Igrejas para competir com ele, Seymour divulgava no seu jornal *A Fé Apostólica* os dias e horários de culto dos concorrentes.

Em 13 de maio de 1908, Seymour casou-se com Jennie Evans Moore. De alguma forma seu casamento provocou reação inusitada em Clara Lum, editora do jornal da Missão. Contrariada, Lum apropriou-se de todo o cadastro de endereços dos assinantes, que chegava a 50 mil, mudou-se para Portland, Oregon, e passou a editar o jornal sem a supervisão de Seymour. Após inúmeras tentativas de reconciliação para retomar o controle do jornal, Seymour assistiu a esta injustiça: uma Igreja em Portland, liderada por uma antiga obreira, Florence Crawford, usurpou a associação do jornal para seu próprio trabalho.

Em 1911, Seymour conheceu o pregador William H. Durham (1873-1912), que passou a integrar o ministério da Missão da Fé Apostólica. Durham era um habilidoso pregador e também se mostrou um sagaz oportunista. Seymour concedeu-lhe ampla liberdade para realizar uma série de cultos na Missão e Durham aproveitou a oportunidade para se promover e usurpar a liderança de Seymour. A trama preparada por Durham era tão forte que havia minado a Igreja. Seymour e o conselho administrativo da Igreja precisaram tomar enérgicas medidas para não perderem o controle da Missão. Então Durham deixou de ter espaço e liberdade para dirigir cultos e pregar e, contrariado, rompeu com Seymour e fundou um trabalho concorrente a poucos quarteirões da Missão, levando consigo Glen Cook, braço direito e antigo gerente administrativo de Seymour.

Todas essas frustrações causaram profunda dor na alma do líder carismático, sensível e de fala mansa. Pessoas que admirava e por quem nutria respeito tentaram tomar-lhe a liderança da Igreja, tais como Parham e Durham. Pessoas que considerava dignas de confiança e que desempenhavam funções sensíveis lhe apunhalaram as costas, como Clara Lum, que lhe usurpou o jornal, e Glenn Cook, que, manipulado, seguiu Durham. Além disso, houve inúmeros casos de líderes e obreiros que abandonaram a Missão e fundaram Igrejas concorrentes, desferindo sórdidos ataques a ele e a seu ministério. Por fim, Seymour foi acometido por um fulminante ataque cardíaco. Despediu-se deste mundo em 28 de setembro de 1922, deixando um enorme legado para o movimento pentecostal.

2.4.4 Legado de Seymour para o pentecostalismo

O legado de Seymour para o movimento pentecostal é inquestionável. De acordo com Araújo (2007, p. 780), "ele ajustou o seu sistema teológico da santidade wesleyana ao ensino de Parham sobre o batismo no Espírito Santo, incluindo a evidência bíblica de falar em outras línguas". Em 1915, Seymour publicou um livro de 95 páginas com o título *As doutrinas e disciplinas da missão de fé apostólica da Rua Azusa em Los Angeles*. Nessa obra, é possível verificar a posição teológica e a sua contribuição doutrinária para o pentecostalismo:

> *Como principais entre as preocupações teológicas nessa obra, estavam suas réplicas contra o sono da alma, aniquilacionismo, espiritualismo, batismo no nome de Jesus, batismo de imersão tripla, e a observância do sábado como o* Sabbath. *Ele se opunha aos que insistiam no falar em línguas como a "evidência bíblica" do batismo no Espírito Santo sem igual insistência em que aquele que manifeste o fruto do Espírito. E ele debatia teologicamente contra o racismo. Em termos morais e éticos, Seymour condenou o sexo livre, adultério, casamentos espirituais, casamento com incrédulos, separação marital e divórcio, a troca de "ósculo santo" entre pessoas do mesmo sexo e a "dança artificial".* (Araújo, 2007, p. 782, grifo do original)

O trabalho desenvolvido por Seymour espalhou-se rapidamente pela América do Norte e no restante do mundo. O jornal *A Fé Apostólica* desempenhou papel preponderante na divulgação da chuva serôdia. Os temas do iminente retorno de Cristo, a chama pentecostal pelo batismo no Espírito Santo, a ênfase nos dons espirituais e o fervor evangelístico tornaram-se muito caros ao pentecostalismo: "Embora tivessem ocorrido outros avivamentos pentecostais importantes (Zion, 111.; Toronto; Dunn, N.C.), a complexidade e a importância do reavivamento de Los Angeles continua [sic] a ser um desafio aos historiadores" (Horton, 1996, p. 18).

2.4.5 Igreja Batista em South Bend

A Igreja Batista em South Bend, Indiana, também foi atingida pelo reavivamento da Rua Azusa e desempenhou papel preponderante na vida de Adolf Gunnar Vingren (1879-1933) – fundador da Assembleia de Deus no Brasil.

Vingren nasceu na Suécia, era filho de pais crentes e conheceu o Evangelho já na infância. Como seu pai era jardineiro, o jovem Gunnar aprendeu o ofício e passou a trabalhar no jardim do Palácio Real de Drottningholm, na Suécia. Após prestar serviço militar, retornou à atividade de jardineiro próximo a Estocolmo. Aspirando a melhores condições de vida e trabalho, aos 24 anos, Gunnar embarcou para os Estados Unidos para visitar seu tio Carl Vingren. Desembarcou em Kansas City em 19 de novembro de 1903. Depois de trabalhar como foguista, porteiro e jardineiro, o rapaz seguiu para Chicago a fim de estudar Teologia no Seminário Teológico Sueco Batista. Depois de formado, assumiu o pastorado na Igreja Batista em Menominee, Michigan.

Mais tarde, em uma Convenção Geral dos Batistas Americanos, Gunnar foi designado para atuar como missionário na Índia. Ao sentir não ser esta a vontade do Senhor, recusou o convite. Nesse tempo, Vingren teve contato com o pentecostalismo: "uma crente que possuía o dom de interpretação de línguas foi usada pelo Senhor, e por meio dela, Ele disse a Vingren que ele seria enviado ao campo missionário, mas somente depois de haver sido revestido de poder"

(Araújo, 2007, p. 900). Após essa palavra profética, Vingren começou a buscar o batismo no Espírito Santo. Em novembro de 1909, em uma conferência na Primeira Batista Sueca em Chicago, Vingren foi batizado com o Espírito Santo. Nessa conferência, conheceu o também sueco Daniel Hogberg (1884-1963), também conhecido como Daniel Berg, e imediatamente ficaram amigos.

Ao retornar para a Igreja em Michigan, Gunnar passou a pregar e a ensinar sobre o Batismo no Espírito Santo. O ensino dividiu a Igreja e Gunnar foi obrigado a retirar-se. Em meados de junho de 1910, assumiu o pastorado da Igreja Batista Sueca de South Bend, no estado norte-americano da Indiana. Ao receberem a mensagem pentecostal, os membros creram no batismo no Espírito Santo: "Na primeira semana, dez pessoas foram batizadas com o Espírito Santo. No total, quase vinte pessoas foram batizadas com o Espírito Santo naquele verão. Assim, a Igreja em South Bend tornou-se uma Igreja Pentecostal" (Araújo, 2007, p. 900).

Berg (1995, p. 52) – o amigo que Vingren conhecera em Chicago – conta que, certa manhã em 1910, ouviu dentro de si uma voz insistente a chamá-lo para ser instrumento de Deus no campo missionário. Daniel Berg resolveu contar o caso a seu patrão e pedir demissão. Recebeu uma indenização de 25 dólares, uma banana e uma bolacha com votos de sucesso. Ele então viajou até South Bend para reunir-se em oração com o pastor Gunnar. Ali, os dois amigos tiveram longas conversas e participaram de vários cultos e reuniões de oração. Foi nessa igreja em South Bend que os missionários receberam a chamada para iniciar a obra no Brasil. Esse assunto será tratado no próximo capítulo de forma pormenorizada.

Síntese

Neste capítulo, versamos sobre o desenvolvimento do pentecostalismo em solo norte-americano e tratamos dos grandes avivamentos ocorridos nesse período, entre eles o reavivalismo de Charles Finney, o Movimento de Santidade e o Movimento da Fé Apostólica, que culminou com o avivamento da Rua Azusa – considerado o ápice do movimento pentecostal norte-americano.

Atividades de autoavaliação

1. Considere as seguintes proposições sobre o legado de Seymour para o movimento pentecostal e classifique-as como verdadeiras (V) ou falsas (F):
   ( ) O trabalho desenvolvido por Seymour espalhou-se rapidamente pela América do Norte e pelo restante do mundo.
   ( ) Seymour publicou um livro no qual definiu sua posição teológica, o que contribuiu para a doutrina do pentecostalismo.
   ( ) Uma das características do movimento pentecostal é a fé do tardio retorno de Cristo.
   ( ) As doutrinas do movimento pentecostal causaram grande impacto em termos morais e éticos, pois condenavam o sexo livre, o adultério, a separação marital e o divórcio.

2. Com relação ao reavivalismo de Charles Finney, assinale a alternativa correta:
   a) Charles Finney era um profícuo jornalista, e seu ofício ajudou o reavivalismo a ser tão difundido.
   b) Por necessidade profissional, adquiriu uma Bíblia e, após isso, começou a frequentar os cultos. Assim, percebeu que

havia uma mornidão espiritual entre os membros daquela igreja.

c) O reavivalismo promovido por Finney atingiu apenas alguns membros da igreja que ele frequentava, ou seja, não foi um movimento grande.

d) O reavivalismo pregava muito mais que apenas as Sagradas Escrituras.

3. A respeito do Movimento de Santidade, classifique as afirmações a seguir como verdadeiras (V) ou falsas (F):

( ) Esse movimento atraiu principalmente as pessoas idosas, pois ele não era atrativo para os jovens.

( ) O movimento, também denominado *Holiness Movement*, enfatizava a imprescindível busca pela santidade com o objetivo de reformar a Igreja.

( ) A vida controlada e guiada pelo Espírito Santo passou a ser doutrina central entre as pessoas que aderiram ao movimento.

( ) Surgiram excessos a ponto de alguns se rebelarem contra as autoridades eclesiásticas, rejeitarem as ordenanças e, em casos extremos, desconsiderarem a Bíblia como regra de fé.

4. Sobre o papel da Escola Bíblica Betel, assinale a alternativa correta:

a) O argumento de que a xenolália era um dom que Deus dava àqueles que precisavam de cura era pregado nessa instituição.

b) Wycliffe fundou a Bethel Bible College com o intuito de realizar uma reforma na Igreja.

c) Parham foi a primeira pessoa a receber o batismo com o Espírito Santo na Escola Bíblica Betel.

d) Cerca da metade dos 34 alunos do Bible College recebeu o batismo no Espírito Santo. Após essa experiência, Parham empenhou-se em espalhar o movimento.

5. Analise as seguintes afirmações acerca da história da Igreja Batista em South Bend e classifique-as como verdadeiras (V) ou falsas (F):

( ) Em Michigan, Gunnar passou a pregar e ensinar o batismo no Espírito Santo. O ensino dividiu a Igreja e Gunnar foi obrigado a retirar-se dela.

( ) A Convenção Geral dos Batistas Americanos designou Gunnar para atuar como missionário na Índia. Ao sentir não ser essa a vontade do Senhor, recusou o convite.

( ) Em meados de junho de 1910, Gunnar assumiu o pastorado da Igreja Batista Sueca de South Bend e pregou constantemente a mensagem pentecostal.

( ) Na primeira semana de funcionamento da Igreja, dez pessoas foram batizadas com o Espírito Santo. No total, quase 20 pessoas foram batizadas com o Espírito Santo naquele verão. Assim, a Igreja em South Bend tornou-se uma Igreja pentecostal.

Atividades de aprendizagem

Questões para reflexão

1. Os resultados do grande avivamento em solo norte-americano trouxeram mais malefícios ou benefícios para os cristãos brasileiros?

2. As doutrinas proclamadas no movimento da santidade ainda são necessárias para os cristãos atuais? Se são, por que foram suprimidas do ensino de muitas Igrejas?

Atividades aplicadas: prática

1. As Igrejas fundadas durante o Movimento de Santidade continuam a existir? Se existem, seus líderes atuais ainda pregam os mesmos preceitos do século XIX?

2. Pesquise sobre a vida de Joseph William Seymour e liste quais contribuições teológicas ele trouxe ao pentecostalismo.

capítulo três

Pioneiros no Brasil

03

A chamada de Gunnar Vingren e Daniel Berg (nascido Daniel Hogberg) para trazer a mensagem pentecostal a solo brasileiro aconteceu quando ambos cultuavam na Igreja Batista em South Bend. Vingren era o pastor da Igreja e Berg deixara seu emprego em Chicago e mudara-se para juntar-se ao rebanho de Vingren. A Igreja em South Bend recebera de bom grado o movimento pentecostal e, assim, a pregação passou a ser essencialmente de cunho pentecostal: enfocava-se a santidade, o batismo no Espírito Santo, a escatologia (a iminente vinda de Cristo), os dons espirituais (destaque para a profecia e a cura divina) e a urgente necessidade de proclamar a salvação (por meio de evangelismo e missões).

Vingren pastoreava a Igreja e esmerava-se em cumprir suas responsabilidades eclesiásticas, mas em seu peito ardia a chama missionária. Desde que recebera a promessa divina de que seria enviado ao campo missionário quando fosse revestido de poder,

Vingren aguardava, conforme direção do Espírito, a hora de partir. Seu companheiro e amigo Daniel Berg tinha a mesma chamada e esperava o momento de ser enviado pelo Senhor. Enquanto aguardavam, os dois amigos não cessavam de orar, interceder e clamar a Deus.

3.1 Gunnar Vingren

Conhecer a vida e a história do pastor Gunnar Vingren (1879-1933) é fundamental para entendermos o movimento pentecostal em solo brasileiro. Esse sueco que pastoreava uma das Igrejas Batistas nos Estados Unidos da América foi impulsionado pelo Espírito Santo a anunciar o pentecostalismo no Brasil. Vingren desembarcou na capital do Pará em 19 de novembro de 1910. Após sua chegada, a Igreja protestante brasileira experimentou o avivamento espiritual. Desse movimento nasceu a Igreja Assembleia de Deus no Brasil.

3.1.1 Naturalidade

Gunnar Vingren nasceu em Östra Husby, Östergötland, Suécia, em 8 de agosto de 1879. Seu pai era dirigente da escola dominical, que Gunnar frequentava com assiduidade; logo cedo tomou gosto pelo estudo bíblico. Aos 11 anos de idade começou a aprender com o pai a profissão de jardineiro.

3.1.2 Conversão

Segundo Ivan Vingren (2000, p. 20), foi com apenas nove anos que Gunnar sentiu a chamada de Deus para a sua vida religiosa. Apesar dessa firme convicção, quando adolescente, aos 12 anos de idade, desviou-se dos caminhos do Senhor e tornou-se um filho pródigo, trazendo preocupação para seus pais. O jovem Gunnar permaneceu afastado da comunhão por cinco anos.

Aos 17 anos, reconciliou-se com Deus e, aos 18 anos, foi batizado nas águas. De acordo com Vingren (2000, p. 20), o batismo foi na Igreja Batista em Wraka, Smaland, Suécia, em março ou abril de 1897.

Em seguida, Gunnar assumiu a liderança da escola dominical, tornando-se sucessor de seu pai. Sua experiência na liderança dessa escola perdurou até o fim de outubro de 1898.

3.1.3 Escola Bíblica em Götabro

Conforme Ivan Vingren (2000, p. 23), Gunnar narrou em seu diário que, após um longo período de oração, foi impulsionado a participar de uma Escola Bíblica em Götabro, Närke (Suécia). Esse evento durou somente um mês, mas impactou para sempre a vida do jovem obreiro. Ao término do evento, aproximadamente 15 alunos foram enviados para atuar como evangelistas. Gunnar Vingren informa que os alunos foram encaminhados em duplas após receberem dinheiro suficiente somente para a passagem até o destino (Vingren, 2000, p. 24). Eram as primeiras experiências evangelísticas. Já naquela época Vingren aprendeu a confiar na provisão divina.

Na primavera seguinte, Gunnar Vingren voltou à casa de seus pais e passou a trabalhar como jardineiro no palácio real de Drottningholm (Vingren, 2000, p. 23). Nesse período ficou aguardando a direção de Deus quanto ao seu chamado. Enquanto aprendia a esperar e descansar no Senhor, Vingren recebeu uma carta de outro evangelista, convidando-o para ajudá-lo na realização de cultos. Foi mais uma rica experiência concedida por Deus. Ele ainda não sabia, mas Deus o estava preparando para a grande obra em terras brasileiras. Em fevereiro de 1900, Vingren foi convocado ao serviço militar. Apresentou-se em Söderköping e rapidamente adaptou-se às rígidas normas e aos regulamentos da caserna. Gunnar relata que eram ao todo cerca de 1.600 homens, mas havia somente uns 20 jovens crentes (Vingren, 2000, p. 24). Tratava-se de outra oportunidade para compartilhar a fé e conviver com as diferenças religiosas. Ao concluir o serviço militar, Gunnar voltou para a casa de seus pais e à antiga profissão de jardineiro.

3.1.4 Desejo de mudar para a América

Em junho de 1903, Gunnar Vingren foi atingido pela "febre dos Estados Unidos" (Vingren, 2000, p. 23). Assim, no fim de outubro daquele ano viajou para a cidade de Gotemburgo. No dia 30 do mesmo mês embarcou num vapor para a Inglaterra e de lá seguiu de trem até Liverpool. Deu prosseguimento à viagem e embarcou em outro vapor até chegar a Boston, Massachusetts (EUA). Depois seguiu de trem até Kansas City, à procura da casa de seu tio Carl Vingren, onde chegou em 19 de novembro daquele ano.

Uma semana depois começou a trabalhar como foguista. Depois encontrou trabalho como porteiro e, por fim, arranjou emprego em seu ofício de jardineiro. Em fevereiro de 1904 mudou-se para St. Louis, onde passou a trabalhar no Jardim Botânico. Nessa cidade, começou a frequentar os cultos em uma Igreja sueca.

3.1.5 Formação teológica

Em setembro de 1904, aos 25 anos, Vingren, impulsionado por uma forte chamada, foi para Chicago estudar teologia no Seminário Teológico Batista. Após quatro anos de estudos, em maio de 1909 foi diplomado bacharel em Teologia, com a monografia intitulada *O tabernáculo e suas lições*.

Em seu diário, Gunnar registra os estágios que realizou como seminarista durante sua formação teológica:

> *No primeiro estágio, de junho a dezembro, preguei na Primeira Igreja Batista em Chicago, Michigan. No segundo, fui a Sycamore, Ilinois. No estágio do Natal, preguei em Blue Island, Ilinois. A terceira vez que estagiei, ajudei novamente em Sycamore, Ilinois, e nos últimos estágios, atuei como Pastor em Mountain, Michigan.* (Vingren, 2000, p. 24)

Depois de formado, em junho de 1909, Gunnar Vingren foi ordenado e assumiu o pastorado da Primeira Igreja Batista em Menominee, Michigan, onde permaneceu como pastor titular até fevereiro de 1910.

3.1.6 Convite para ir à Índia

No período em que pastoreou em Michigan, em uma Convenção Geral dos Batistas Americanos, decidiu-se que o pastor Vingren, então com 30 anos, seria enviado com sua noiva como missionário para Assam, na Índia.

Uma semana após ter retornado para a igreja onde pastoreava, Vingren enviou uma carta à Convenção informando que não iria para a Índia por sentir que esta não era a vontade de Deus para sua vida. Por esse motivo, sua noiva escreveu-lhe uma carta rompendo o noivado. Vingren (citado por Ivar Vingren, 2000, p. 25) registra que, ao receber a carta da noiva, simplesmente respondeu-lhe: "Seja feita a vontade do Senhor".

Tempos depois, Vingren recebeu uma palavra profética em que o Senhor lhe dizia ser o campo missionário um projeto divino em sua vida; no entanto, para tal obra missionária ainda era necessário ser revestido de poder.

3.1.7 Experiência pentecostal

Após a palavra profética acerca de sua chamada missionária, o pastor Gunnar Vingren passou a buscar o batismo no Espírito Santo. Em novembro de 1909, decidiu participar de uma Conferência na Primeira Igreja Batista Sueca em Chicago, a qual tinha sido alcançada pelo avivamento da Rua Azusa. Depois de cinco dias de intercessão e clamor, o pastor Gunnar foi batizado no Espírito Santo. Nessa conferência, Vingren conheceu o também sueco Daniel Berg. Ambos eram jovens e solteiros. Vingren acabara de completar 30 anos e Berg contava com 25 anos. Daniel trabalhava no comércio local como vendedor de frutas e era membro da Igreja Batista Sueca em Chicago. Imediatamente os dois tornaram-se amigos e Berg ficou de visitar Gunnar em breve.

3.1.8 Transferência de pastorado

Ao retornar inflamado pelo Espírito para a igreja que pastoreava em Menominee, Michigan, Vingren passou a pregar e a ensinar o batismo no Espírito Santo como evidência bíblica de falar em outras línguas. O ensino dividiu a Igreja: metade do grupo repudiou o ensino; a outra parte mostrou-se favorável. Em fevereiro de 1910, os que não creram afastaram Gunnar Vingren do pastorado da Igreja.

Após ser expulso da própria Igreja, Vingren retornou para Chicago, onde frequentou diversas Igrejas que criam na manifestação do Espírito Santo. Durante os cultos, Vingren pôde inteirar-se profundamente das doutrinas pentecostais e não demorou muito a ser convidado para pastorear novamente. Em meados de junho de 1910, ele assumiu o pastorado da Igreja Batista Sueca de South Bend, capital de Indiana. Os crentes dessa Igreja receberam com alegria a doutrina pentecostal. Na primeira semana de estudos bíblicos, cerca de dez irmãos receberam o batismo com o Espírito Santo e nos meses seguintes a obra continuou alcançando outros crentes. A Igreja Batista de South Bend tornou-se pentecostal e desempenhou importante papel na chamada missionária de Vingren ao Brasil.

3.2 Daniel Hogberg (Berg)

O missionário Daniel Berg (1884-1963) foi o grande companheiro do pastor Gunnar Vingren na propagação do pentecostalismo e na implantação das Assembleias de Deus no Brasil. Berg, como Vingren, era natural da Suécia e havia experimentado o batismo no Espírito Santo no avivamento ocorrido em Chicago (EUA). Trabalharam juntos na Igreja Batista norte-americana e vieram para o Brasil encomendados pelo Espírito Santo. Uma das grandes características de Daniel Berg era seu fervor missionário e evangelístico.

3.2.1 Naturalidade

Daniel Berg nasceu em uma humilde aldeia chamada Vargon, na Suécia. Era filho de Gustav Verner e Fredrika Hogberg. A família era numerosa. Daniel tinha seis irmãos: Oskar, Hilda, Elisabet, Erik, Ester e Ida (Berg, 1995, p. 11).

3.2.2 Família protestante

Os pais de Berg eram protestantes de origem batista. Daniel foi batizado na Igreja Batista de Vanersborg com seu amigo de infância Lewi Pethrus, aos 15 anos de idade. O celebrante foi o pastor Carl Eriksson. A data que marcaria a vida daqueles jovens foi 12 de fevereiro de 1899 (Berg, 1995, p. 17). Uma das características do jovem Daniel era a humildade. Ele mudou o próprio sobrenome para Berg, uma vez que *hog* significa "alto" em sueco e Daniel era simples e humilde o suficiente para rejeitar esse adjetivo (Berg, 1995, p. 49).

3.2.3 Desejo de mudar para a América

Na pequena aldeia de Vargon, o meio de subsistência era trabalhar como operário na fábrica de papel Wargons AB. Quase todos os habitantes da vila eram funcionários da fábrica; Daniel, seu pai e seu amigo Lewi Pethrus não eram exceção (Berg, 1995, p. 13). O tempo passou, a população cresceu e problemas de ordem econômica obrigaram a demissão de alguns operários da aldeia de Vargon. Aspirando a uma situação financeira melhor, o jovem Berg decidiu partir da Suécia (Berg, 1995, p. 20). O comunicado da decisão aconteceu na cozinha da família, logo após o jantar. Daniel, então com 17 anos, tomou coragem e desabafou:

> *Eu estou a fim de ir para a América. Não sou mais nenhum garotinho. Logo terei 18 anos, e já guardei dinheiro o bastante para a viagem e a chegada. Sem contar o terno que comprei que é, no mínimo, tão bonito quanto os outros ternos para ocasiões especiais que já vi. Então, disponho de todo o dinheiro e roupas que preciso. Quanto à comida, está incluída no preço da passagem. Eu sou grande, forte e tenho saúde. Há muito venho trabalhando com disposição de ir para aqueles lados, de forma que não terei de passar nenhum apuro.* (Berg, 1995, p. 20-21)

Em seguida à exposição do filho, Fredrika Hogberg tomou a palavra e em nome de todos disse: "Você tem fé em Deus, e Ele há de ajudá-lo para que nada de mal lhe aconteça. Vamos orar uns pelos outros para que o Senhor nos dê uma orientação segura" (Berg, 1995, p. 21). Após essa noite começaram os preparativos para a viagem de Berg aos Estados Unidos.

3.2.4 Viagem para a América

No dia marcado, 5 de março de 1902, acompanhado de toda a família, Berg foi até a estação de trem de Vargon. Embarcou com destino a Gotemburgo, onde tomaria o navio que o levaria embora da Suécia. Daniel viajou para a Inglaterra a bordo do navio M/S Romeo (Berg, 1995). Ao chegar à Inglaterra, teve de trocar de navio. Ao desembarcar e após as formalidades alfandegárias, seguiu em direção à estação ferroviária, onde tomou um trem que o levou para Liverpool (Berg, 1995).

Em Liverpool, foi necessário aguardar alguns dias para o sonhado embarque para a América. Durante a longa espera, hospedou-se em um modesto hotel. Finalmente, no dia 19 de março de 1902, embarcou em um navio a vapor. A previsão de viagem era de duas semanas, mas o capitão imprimiu velocidade e a embarcação atracou no porto de Boston no dia 25 de março de 1902 (Berg, 1995).

3.2.5 Primeiros anos na América

Em Boston, Berg dirigiu-se à ferrovia que o conduziria até Providence, capital do Estado de Rhode Island. Ao chegar à cidade, conseguiu emprego para tomar conta de cavalos (Berg, 1995). Cerca de um ano depois, decidiu procurar emprego em outro lugar (Berg, 1995). Dirigiu-se, então, à província da Pensilvânia, onde arrumou emprego como aprendiz de fundição. Ao final de alguns anos, depois de ter concluído um curso, Berg recebeu o diploma de fundidor especializado (Berg, 1995).

Tendo passado cinco anos na função, resistindo à obrigatoriedade de filiação ao sindicato e sentindo o desejo de rever os pais, Daniel pediu demissão do cargo de fundidor (Berg, 1995). Enquanto se preparava para visitar a Suécia, arrumou trabalho temporário em Chicago num armazém de frutas, cujo dono, ao se despedir de Daniel, entregou-lhe para a viagem uma banana e uma bolacha de especiaria típica norte-americana, como gesto de prosperidade (Berg, 1995).

3.2.6 Retorno para a Suécia

O retorno para o lar foi tomado de grande emoção e de inúmeras recordações. Abraçar os pais e os irmãos foi um bálsamo para Berg. Saíra de casa rapaz – com menos de 18 anos – e agora retornava maduro e experimentado, no alto de seus 24 anos. Daniel Berg também desejou saber notícias de seu amigo de infância Lewi Pethrus. Visitou sua família e soube que Pethrus pastoreava uma igreja na cidade de Lidköping e que também estivera na Noruega (Berg, 1995). Berg então decidiu visitar o amigo.

O encontro foi repleto de gratas e boas lembranças. Conversaram sobre a obra de Deus e o chamado para o trabalho na Seara do Mestre. Lewi Pethrus acreditava que sua chamada fosse ali mesmo, na Suécia; Berg sentia que seu chamado era mais distante. Quando perguntado sobre isso, dizia: "em algum canto qualquer no mundo" (Berg, 1995).

3.2.7 Encontro com Vingren

Berg retornou a Chicago e empregou-se novamente no comércio como vendedor de frutas (Berg, 1995). No período de um ano, frequentou a Igreja Batista sueca em Chicago. Em uma conferência no mês de novembro de 1909, conheceu Gunnar Vingren. Como já relatamos, após essa conferência, em 1910, demitiu-se do emprego e foi ajudar Gunnar na Igreja Batista em South Bend. Nessa igreja, Daniel e Gunnar receberam a chamada para a obra missionária no Brasil.

3.3 Chamada dos missionários

Gunnar Vingren e Daniel Berg desenvolveram uma grande amizade e estreitaram laços de comunhão e amor fraternal. Ambos eram solteiros e estavam unidos por grande ardor pela obra missionária. Juntos, realizavam a obra do Senhor em terras norte-americanas e aguardavam ansiosamente o tempo para saírem ao campo missionário. Em uma das muitas reuniões de oração, cada qual no tempo de Deus, foram comissionados para a obra missionária que seria, posteriormente, desenvolvida no Brasil.

3.3.1 Chamada de Gunnar Vingren

No *Diário do Pioneiro*, Vingren relata que, enquanto pastoreava a Igreja Batista em South Bend, em determinado dia de 1910, Deus colocou no seu coração o desejo de orar na casa de certo irmão com o amigo Berg. A reunião aconteceu em um sábado à noite na residência desse irmão, que se chamava Adolf Ulldin. Durante a oração, Deus revelou, por meio do Espírito Santo, que Gunnar deveria ir para o Pará. Na profecia, o Espírito Santo também revelou que o pastor Gunnar se casaria com uma moça chamada Strandberg. Tempos depois, já no Brasil, em 16 de outubro de 1917, Vingren casou-se com Frida Strandberg. Acerca das impressões daquela noite, Vingren escreveu no diário: "Naquela ocasião tivemos o imenso privilégio de ouvir através do Espírito Santo a linguagem daquele povo, o idioma português" (Vingren, 2000, p. 27).

Como ninguém conhecia o lugar e dele nunca ouvira falar, no dia seguinte o pastor Gunnar Vingren disse ao irmão Adolf: "Vamos a uma biblioteca [...] saber se existe algum lugar na terra chamado Pará" (Vingren, 2000, p. 27). Lá descobriram a localização. O mapa indicava o local logo ao sul da Linha do Equador, na fronteira da selva quente e úmida. Descobriram que se tratava de uma região em um país na América Latina – o Brasil (Berg, 1995).

3.3.2 Chamada de Daniel Berg

Como explicitamos anteriormente, os pioneiros do movimento pentecostal assembleiano no Brasil conheceram-se em 1909, em Chicago (EUA), por ocasião de uma Conferência na Primeira Igreja Batista de Chicago. Em 1910, Daniel Berg demitiu-se de seu emprego e mudou-se para South Bend para auxiliar o pastor Gunnar Vingren.

Conforme narrado na seção anterior, certo dia, Daniel Berg acompanhou Vingren à casa do irmão Adolf Ulldin para orarem. De acordo com Berg (1995), na cozinha da residência, durante a oração Ulldin teve uma visão com a palavra *Pará* e nesse dia Daniel Berg recebeu a confirmação de sua chamada missionária; ele deveria acompanhar Vingren na viagem ao Brasil.

Gunnar Vingren registrou em seu diário que Deus lhes revelara inclusive a data de embarque ao país: "Isso tudo aconteceu no verão de 1910. Deus nos revelou [...] a data: 5 de novembro de 1910" (Vingren, 2000, p. 28).

3.3.3 Preparativos para a viagem

Após aquele evento, os pioneiros compreenderam que o Senhor os chamava ao Brasil e começaram a se preparar para a viagem. Berg ainda guardava consigo aqueles 25 dólares extras que recebera de seu ex-patrão e Vingren tinha uma economia de 90 dólares (Berg, 1995). Os membros da Igreja Batista de South Bend não estavam de acordo com a partida dos missionários ao Brasil. Os irmãos argumentavam que eles podiam ser instrumentos nas mãos de Deus sem necessidade de sair da América do Norte. Insistiam em afirmar que ainda havia muito trabalho a ser realizado tanto em South Bend como em Chicago.

Entretanto, nada pôde demover os missionários, que estavam convictos de que o Senhor os chamara ao Brasil. A passagem de Nova Iorque até o Pará, na terceira classe, custava 90 dólares, exatamente a quantia de que Vingren dispunha. Era necessário, porém, viajar primeiro até Chicago e lá comprar passagens para Nova Iorque e ainda ficar com alguma reserva. Nesse caso, os 25 dólares de Berg não eram suficientes para tais despesas (Berg, 1995); ainda assim confiantes, os pioneiros tinham fé de que os meios seriam supridos e que Deus os ajudaria.

3.3.4 Teste de fé

Além de disporem de parcos recursos, os pioneiros ainda teriam sua fé duramente testada. Durante um culto de vigília em Chicago, Vingren sentiu que Deus lhe ordenara entregar seus 90 dólares à revista editada pelo pastor Durham, que difundia a mensagem do avivamento pentecostal. Gunnar Vingren registrou em seu diário: "Durante toda aquela noite eu lutei com Deus sobre o assunto" (Vingren, 2000, p. 29). Por fim, o missionário se rendeu e ofertou os 90 dólares. Naquele ato, ele entregava o dinheiro que pagaria suas passagens ao Brasil; porém essa situação não os abalou e eles permaneceram confiantes. Sabiam que Deus estava testando a fidelidade e os ensinando a depender da provisão divina.

Segundo Berg (1995), ainda em Chicago, um dos pastores da cidade, B. M. Johnson, havia prometido celebrar um culto de despedida e também recolher uma oferta para os missionários. A oferta permitiu a compra das passagens a Nova Iorque e ainda sobrou um valor considerável. Na grande metrópole, enquanto aguardavam o embarque, decidiram andar e conhecer a cidade. Quando caminhavam por uma rua, um homem veio ao encontro deles, emocionado, e lhes contou que na noite anterior tivera um sonho com Gunnar Vingren: a voz de Deus lhe ordenava entregar 90 dólares a Vingren. Revelou-lhes o homem que estava justamente a caminho do correio para remeter o dinheiro (Berg, 1995). O momento foi indescritível. Deus certamente estava no comando daquela empreitada. Os 90 dólares comprariam as duas passagens de navio ao Brasil e, com a oferta que tinham recebido em Chicago, ficaram com uma pequena reserva emergencial. Supridos com as passagens de navio e com a oferta recebida no culto de despedida em Chicago, Vingren e Berg compraram uma mala de viagem para cada um e roupas apropriadas para o clima tropical. Em seu diário, Gunnar relata que, quando chegaram à Nova Iorque, foram informados de que não havia nenhum navio com destino ao Brasil na data de 5 de novembro, contrariando o que lhes havia sido revelado na profecia. Porém, depois de certa espera, foram informados pela companhia de que o navio Clement, após um período de conserto nos estaleiros, estaria pronto para navegar nessa data (Berg, 1995). Era o ano de 1910 e a profecia do irmão Adolf Ulldin estava prestes a se cumprir.

3.3.5 Viagem ao Brasil

A bordo do Clement, Vingren e Berg instalaram-se na terceira classe. Com resignação, receberam a notícia de que, por causa da greve dos estivadores, suas malas novas com as roupas leves não seguiriam com o navio. Eles chegariam ao Brasil apenas com a bagagem de mão, na qual estavam algumas poucas notas de pequeno valor e moedas avulsas (Berg, 1995). Outra vez, as circunstâncias os ensinavam a depender inteiramente do Senhor. Eram também eles os únicos passageiros brancos a bordo, o que também não deixava de ser uma preparação para as atividades missionárias em terras brasileiras (Berg, 1995).

Quatorze dias depois de sair de Nova Iorque, o navio atracou no Brasil. Ao se aproximar do porto do Pará, a embarcação não pôde atracar no cais por falta de espaço. O navio ancorou a certa distância e os passageiros foram transportados em pequenos botes a remo que paravam no cais, próximos a uma escada de pedra. Era a tarde do dia 19 de novembro de 1910. O sol paraense aqueceu fortemente as roupas não apropriadas ao calor que os missionários vestiam.

3.3.6 Primeiro dia em solo brasileiro

Conduzidos pelo bote a remo em direção ao cais, naquele dia 19 de novembro de 1910, os missionários foram tomados de grande expectativa. Sabiam que não estavam sendo aguardados e não tinham conhecidos na cidade. Berg (1995) conta que os estrangeiros começaram a subir a esmo o trajeto de uma rua. Como estavam com muita fome, entraram em um modesto estabelecimento onde havia pessoas comendo, sentaram-se e, sem saber o idioma local, apontaram para o prato da mesa vizinha. Em seguida, foram-lhes servidos dois pratos com arroz e feijão-preto, cujo tempero era forte, mas agradável ao paladar. Beberam o café preto, quente e melado e, ao terminarem a refeição, continuaram subindo pela rua. Mais adiante pararam em uma praça ladeada de árvores. Na placa estava escrito "Praça da República". Sentaram-se em um dos bancos e, sob a sombra de uma das árvores, dando as mãos, oraram ao Senhor e pediram orientação divina para a jornada que se iniciava em solo brasileiro. Seguiram por uma rua calçada de pedras, cuja sinalização indicava "Rua 15 de agosto". Depararam-se com uma família que tinham conhecido no navio. A família, que falava o idioma inglês e também o português, ajudou os rapazes a encontrarem uma pousada com pernoite de baixo custo (Berg, 1995). Estavam exaustos pela viagem de duas semanas na terceira classe do navio. O quarto do hotel era simples, mas incomparavelmente melhor que o dormitório da embarcação. Deitaram e rapidamente adormeceram. Era o primeiro dia no Pará, local ao qual tinham sido encomendados pelo Espírito Santo.

3.4 Igreja Batista em Belém

Por serem membros da Igreja Batista norte-mericana, assim que desembarcaram no Brasil, Gunnar Vingren e Daniel Berg procuraram a Igreja Batista da cidade de Belém. Quando lá chegaram, foram muito bem recepcionados pelo evangelista Raimundo Nobre, pastor interino da Igreja. Então, passaram a residir em um porão alugado e, após aprenderem a língua portuguesa, os missionários começaram a pregar a mensagem pentecostal entre os irmãos batistas.

3.4.1 Encontro com Nels Justus Nelson

Ao amanhecer, ainda quando hospedados no hotel, no refeitório do local, Berg e Vingren perceberam em uma das mesas uma publicação metodista assinada por um pastor chamado Nels Justus Nelson. Vingren alegrou-se em ler o nome de um conhecido com o qual estivera ao menos uma vez nos Estados Unidos (Berg, 1995). Com a ajuda da família que falava inglês, hospedada no mesmo hotel, os rapazes receberam orientação de como chegar ao endereço do pastor metodista.

A recepção não poderia ter sido melhor. Justus Nelson deixou os missionários cientes dos trabalhos das Igrejas evangélicas na cidade. Além dos metodistas, estavam na cidade os presbiterianos, os anglicanos e os batistas (Berg, 1995). Nelson enfatizou a necessidade de os missionários aprenderem o idioma e se ofereceu para ensinar o português a 5 mil réis cada aula, ou até mesmo de graça, caso não pudessem pagar[1] (Berg, 1995).

3.4.2 Encontro com Raimundo Nobre

O pastor metodista também se prontificou a levar os missionários até a Igreja Batista local, situada na Rua João Balby.

Eles foram recebidos pelo jovem evangelista Raimundo Nobre, que falava razoavelmente o inglês. Raimundo contou que estavam sem pastor e que temporariamente respondia pelo pastorado. Disse ainda que a Igreja vinha orando a Deus para que um pastor lhes

---

1   Cinco mil réis era um valor irrisório, tendo em vista que os trabalhadores do parque estadual de São Paulo (Horto Florestal), naquele período, auferiam mensalmente 120 mil réis. Portanto, tomando como parâmetro os trabalhadores do Horto, cinco mil réis era o valor equivalente a 4% do salário comum (Decreto n. 9.215, de 15 de dezembro de 1911 – Brasil, 1911).

fosse enviado. Raimundo concluiu que a chegada dos missionários poderia ser a resposta às orações da Igreja (Berg, 1995). Após esse encontro, Vingren e Berg passaram a residir no porão da casa de Raimundo ao preço de um dólar a diária para cada um dos missionários. O porão era insalubre, não tinha ventilação nem energia elétrica e o cheiro de mofo era nauseante. Não obstante, os missionários estavam agradecidos. Começaram, então, a participar dos cultos na Igreja Batista. Sobre isso, encontramos no diário de Gunnar o seguinte registro: "Quando nos pediram para cantar em inglês, entoamos o hino 'Jesus Cristo é tudo para mim'. Cantamos o hino em duas vozes. Então o poder de Deus caiu sobre nós" (Vingren, 2000, p. 37). Berg tocava violão e, com Gunnar, louvava em inglês e, algumas vezes, também em sueco. As demais Igrejas souberam da novidade e passaram a convidar os missionários para cantar em seus cultos (Berg, 1995).

3.4.3 Visita à Ilha de Marajó

Berg (1995) informa que, certo dia, o evangelista Raimundo recebeu um visitante da Ilha de Marajó. Tratava-se de seu primo Adriano Nobre, que pertencia à Igreja presbiteriana e falava inglês. Os missionários foram convidados a conhecer a família de Adriano. Chegaram à Ilha de Marajó em meados de abril de 1911, quando Berg completava 27 anos de idade.

Na casa da família morava também Adrião, primo de Adriano. Com ele, Vingren e Berg dividiram o quarto. No período em que permaneceram na ilha, os missionários aproveitaram para evangelizar. Adriano tinha sido comandante, capitão e chefe do navio da empresa Port of Para e, por isso, era respeitado em sua condição, o que facilitava a penetração da palavra (Berg, 1995). Como

Adriano se mostrou fluente no inglês, os missionários também se esforçaram em aprender a língua portuguesa (Berg, 1995).

3.4.4 De volta a Belém

Os missionários retornaram a Belém após cerca de 30 dias na Ilha de Marajó. Ao desembarcarem no cais, no dia 12 de maio de 1911, foram informados de que, no período em que estiveram fora, o Brasil tinha vivenciado uma revolução. A cidade do Pará chamava-se agora, oficialmente, Belém do Grão-Pará (Berg, 1995).

Vingren e Berg voltaram para o porão que lhes servia de moradia e como local de oração.

Os membros e obreiros da Igreja Batista estavam entusiasmados com os missionários. Eles concebiam no próprio coração que os dois homens eram a resposta às suas orações. Os batistas esperavam que Vingren assumisse o pastorado da Igreja assim que aprendesse o português. No entanto, Gunnar conta em seu diário: "Em nenhuma ocasião nos foi permitido falar à Igreja, e nós escondemos a chama pentecostal que Deus havia acendido em nossos corações" (Vingren, 2000, p. 39).

Somente seis meses após a chegada dos missionários é que os diáconos da Igreja Batista formularam um convite para o jovem Gunnar pregar à Igreja. Eles disseram: "Irmão Vingren, na próxima terça-feira o irmão dirigirá o culto de oração" (Vingren, 2000, p. 40). O pastor estrangeiro não deixou passar a oportunidade e fez leitura em versículos que falavam do batismo no Espírito Santo. Esse culto aconteceu em maio de 1911, logo que tinham retornado da Ilha de Marajó. Durante aquela semana, todas as noites foram realizados cultos de oração na casa de uma irmã que tinha uma enfermidade incurável nos lábios, e durante as orações, a mulher teve a saúde restabelecida. O nome dessa irmã era Celina Albuquerque.

O tempo passado com Adriano Nobre na Ilha de Marajó permitiu progresso no conhecimento do português. Desse modo, os missionários passaram a ter mais oportunidades nas atividades da Igreja. No entanto, o idioma continuava deficiente e os rapazes estavam sem dinheiro algum. Eles precisavam de recursos para pagar o aluguel, prover a subsistência e frequentar um curso regular de língua portuguesa (Berg, 1995). A solução plausível era sair em busca de emprego.

3.4.5 Emprego no Port of Para

Quando estivera na Ilha de Marajó, Berg soube, por meio de Adriano Nobre, que a companhia Port of Para estava à procura de profissionais na área de fundição da empresa. O diploma de especialista em fundição e sua vasta experiência habilitaram o jovem Berg ao cargo de capataz com salário acima da média. Agora, Berg entendia as razões pelas quais aprendera o ofício nos Estados Unidos.

O emprego de Berg garantiu aos missionários o pagamento do aluguel, melhores condições de subsistência e o pagamento da mensalidade de um curso regular de português para Vingren. Durante o tempo livre, Gunnar estudava o idioma e à noite repassava para Berg o que havia aprendido durante o dia (Berg, 1995).

Daniel estava feliz no emprego, especialmente pelo investimento que começara a fazer. Com seu salário na fundição, Berg adquiria Bíblias e o Novo Testamento em português. Ele as encomendava na América do Norte e elas chegavam de navio ao cais de Belém.

3.4.6 Trabalho de colportagem

Certo dia, depois de muita reflexão e oração, Berg decidiu demitir-se do emprego de fundidor. Seu desejo era dedicar-se integralmente à obra do Senhor. Berg queria que a palavra de Deus chegasse ao alcance de todas as pessoas. Considerou que vender Bíblias e o Novo Testamento ajudaria na divulgação do Evangelho e ainda tornaria possível o sustento de ambos os missionários.

Berg era jovem e forte. Assim, com uma maleta em cada mão, sob o forte sol e o calor de Belém, o sueco ia de casa em casa oferecendo bíblias aos moradores da região (Berg, 1995). Em cada oportunidade aproveitava para evangelizar e orar pelas pessoas que aceitavam Cristo. Esse trabalho de colportagem era novidade na cidade. Os curiosos queriam saber o que continham as maletas carregadas pelo jovem sueco. Essa atividade foi uma grande bênção. As maletas se esvaziavam rapidamente e Berg encomendava mais e mais bíblias.

3.4.7 Ministério entre os batistas

Os irmãos batistas reconheciam a chamada de Deus na vida dos missionários. Berg distribuía as bíblias e ganhava almas. Por causa dessa atividade, novas frentes de trabalho e de evangelização estavam sendo abertas nas cidades e vilas (Berg, 1995). Vingren, por sua vez, ministrava a palavra com graça e sabedoria. Sua mensagem pregava o poder do Espírito Santo, suas manifestações e a necessidade da santidade. Os batistas esperavam que Vingren, algum dia, se tornasse seu líder e pastor da Igreja.

Ambos os missionários eram amados pelos membros da Igreja. As famílias solicitavam cultos em seus lares e requeriam a presença de Vingren e Berg. A palavra de Deus era ministrada e a mensagem pentecostal era proclamada. Os missionários também visitavam os enfermos e oravam por eles. O poder de Deus se manifestava e muitos dos doentes eram curados. Um dos membros batistas que recebeu a cura foi Celina Albuquerque.

Celina era professora dedicada da escola dominical, porém fora acometida por uma doença incurável. Tentara todos os tratamentos disponíveis à época, mas foi desenganada pelos médicos. Presa no leito de enfermidade, já não podia frequentar os cultos na Igreja. Certa ocasião, quando os missionários oravam por ela, o Senhor interveio e curou-a completamente. O testemunho de cura de Celina autenticava a mensagem pregada e o ministério de Gunnar Vingren e Daniel Berg entre os irmãos batistas.

Síntese

Os fundadores da Assembleia de Deus no Brasil, Gunnar Vingren e Daniel Berg, escreveram uma história de vida permeada de batalhas e superações, de conquistas e vitórias. Ambos nasceram na Suécia, mas se conheceram em Chicago, nos Estados Unidos. O pentecostalismo os uniu e a chamada divina os trouxe para uma grande obra que se realizaria no Brasil

Atividades de autoavaliação

1. Sobre a providência divina aos missionários suecos na vinda ao Brasil, classifique as seguintes afirmações como verdadeiras (V) ou falsas (F):
   ( ) Desde que os missionários compreenderam que o Senhor os chamava ao Brasil, começaram a se preparar para a viagem.

( ) Berg guardava 1.500 dólares extras que recebera de seu ex-patrão.

( ) Quando caminhavam por uma ruas em Nova Iorque, um homem emocionado veio ao encontro deles. Disse que teve um sonho, e que a voz de Deus lhe ordenava entregar 90 dólares a Vingren.

( ) Quando chegaram à Nova Iorque, foram informados de que não havia nenhum navio com destino ao Brasil na data de 5 de novembro, contrariando o que lhes fora revelado na profecia.

2. Com relação à viagem dos missionários suecos ao Brasil, assinale a alternativa correta:
   a) Viajaram ao Brasil no navio Pentecostes.
   b) Quatorze dias depois de sair de Nova Iorque, o navio em que viajavam atracou no Brasil.
   c) O navio em que viajaram tinha muitos europeus e apenas dois negros.
   d) O navio dos missionários ancorou no porto de Belém.

3. Indique se as seguintes considerações sobre a Igreja Batista de Belém são verdadeiras (V) ou falsas (F):
   ( ) O pastor metodista Justus Nelson prontificou-se a apresentar os missionários suecos à Igreja Batista de Belém.
   ( ) O dirigente da Igreja Batista de Belém era o evangelista Raimundo Nobre, que falava razoavelmente o inglês.
   ( ) Vingren e Berg passaram a residir no porão da casa de Raimundo Nobre ao preço de um dólar a diária para cada um dos missionários. O porão era insalubre; não tinha ventilação nem energia elétrica e o cheiro de mofo era nauseante.

( ) Os missionários somente começaram a frequentar a Igreja Batista de Belém quando já estavam fluentes na língua falada pelos nativos.

4. A respeito da viagem dos missionários à Ilha de Marajó, assinale a alternativa correta:
   a) Ao chegar à casa de um irmão que os acomodaria na Ilha de Marajó, os missionários ficaram lisonjeados, pois cada um ficou hospedado em um quarto.
   b) Adriano Nobre, anfitrião dos suecos, fora comandante, capitão e chefe de um navio da empresa Port of Para, razão por que era respeitado, e sua condição dificultava a penetração da Palavra.
   c) No período em que permaneceram na ilha, os missionários aproveitaram para evangelizar.
   d) Os missionários retornaram a Belém após cerca de seis meses na Ilha de Marajó.

5. Com relação aos fatos na Igreja Batista de Belém, classifique as seguintes afirmações como verdadeiras (V) ou falsas (F):
   ( ) Os irmãos batistas reconheciam a chamada de Deus na vida dos missionários.
   ( ) Gunnar Vingren distribuía Bíblias e ganhava almas.
   ( ) Berg, por sua vez, ministrava a palavra com graça e sabedoria.
   ( ) Ambos os missionários eram amados pelos membros da Igreja.

Atividades de aprendizagem

Questões para reflexão

1. Caso os missionários suecos não tivessem desembarcado no Pará, mas na então capital do país, Rio de Janeiro, atualmente a maioria dos protestantes brasileiros seria pentecostal?

2. É possível supor que, se Gunnar Vingren tivesse ido ao campo missionário da Índia em lugar de vir ao Brasil, o número das Assembleias de Deus no mundo seria maior, uma vez que a população da Índia é muito superior à do Brasil?

Atividades aplicadas: prática

1. Daniel Berg realizava colportagem de bíblias e, assim, ganhava muitas almas para Cristo. Descubra entre seus colegas se alguém se converteu a Cristo por intermédio da colportagem.

2. Pesquise se ainda existe no Brasil o ofício de colportagem de bíblias. Caso exista, descubra quais são as principais instituições que realizam esse trabalho e seus representantes.

capítulo quatro

Nascedouro das Assembleias de Deus[1]

---
1   Os trechos bíblicos citados neste capítulo foram extraídos de Bíblia (1995).

04

Esses eventos citados por Berg (1995) marcaram o nascedouro das Assembleias de Deus no Brasil, com destaque para o batismo no Espírito Santo de uma irmã membro da Igreja Batista em Belém. Depois dessa experiência pentecostal, os irmãos batistas entraram em discordância. De um lado estava o grupo que não aceitava as manifestações do Espírito, e de outro, o grupo que, diante das incontestáveis evidências, rendeu-se ao movimento. Ao longo deste capítulo, você constatará que o desdobramento dessa divergência culminou na exclusão dos missionários Gunnar Vingren e Daniel Berg e de um grupo de irmãos batistas. Isso aconteceu porque esse grupo concordava com a doutrina pentecostal.

Além disso, os missionários Vingren e Berg foram despejados do porão que lhes servia de abrigo e, desamparados e sem ter para onde ir, foram acolhidos por uma das famílias excluídas da Igreja. Nessa residência, iniciaram uma série de cultos, orações e estudos bíblicos. As demais famílias excluídas então se uniram ao novo trabalho, a notícia se espalhou, convites foram feitos e a frequência às reuniões cresceu consideravelmente. Milagres, curas, batismo no Espírito Santo, profecias, conversões, manifestações espirituais e – como não poderia ser diferente – perseguições e oposições marcaram o início das Assembleias de Deus no Brasil.

4.1 Celina Albuquerque

Celina Martins de Albuquerque (1876-1969) nasceu em Manaus (AM), filha de José Marins Cardoso e Cândida Rosa de Aguiar. Pertencente a uma família tradicionalmente católica, casou-se na Igreja romana em 1899 com Henrique Albuquerque uma semana após completar 23 anos de idade.

Anos depois, em virtude da profissão do marido – prático de navegação –, o casal mudou-se para o Pará. Em Belém, Celina e o esposo aceitaram a Cristo na Igreja Batista. Ela foi batizada nas águas em 9 de maio de 1909 por Almeida Sobrinho, então pastor da Igreja.

Quando da chegada dos missionários Vingren e Berg em fins de 1910, Celina tinha 34 anos de idade e desempenhava a função de professora da escola dominical. Porém, estava acometida por uma doença incurável que a impedia de assistir aos cultos na Igreja. Ao final do mês de maio de 1911, o pastor Vingren descreveu em seu diário:

> *Durante aquela semana realizamos culto de oração todas as noites na casa de uma irmã, que tinha uma enfermidade incurável nos lábios. Ela não podia assistir aos cultos na Igreja. A primeira coisa que fiz foi perguntar-lhe se ela cria que Jesus podia curá-la. Ela respondeu que*

> sim. Dissemos-lhe então que deixasse de lado todos os remédios que estava tomando. Oramos por ela, e o Senhor Jesus a curou completamente. Nos cultos de oração que se seguiram, aquela irmã começou a buscar o batismo no Espírito Santo. (Vingren, 2000, p. 40)

Celina, como comentado em outros momentos, foi o primeiro membro da Igreja Batista em Belém a receber o batismo no Espírito Santo. Depois de batizada, ela ainda viveu mais 55 anos. Os registros históricos apontam que ela teve uma vida irrepreensível. Araújo (2007) refere que, enquanto podia falar, Celina dava testemunho da salvação em Cristo. Aos 90 anos, ainda lia o Novo Testamento sem o auxílio de óculos. "Entre os muitos que levou a Cristo, destaca-se Antonio do Rêgo Barros, pastor da Assembleia de Deus em Maceió, Alagoas. [...] morreu em 27 de março de 1969, era viúva há muitos anos e não tinha filhos" (Araújo, 2007, p. 8).

4.1.1 Derramamento do Espírito

Após receber um milagre extraordinário que a curou de uma enfermidade considerada incurável, a professora Celina Albuquerque desejou receber também o batismo no Espírito Santo. Acreditava ela que, se Cristo podia realizar sua cura, então Ele também poderia batizar-lhe com o Espírito Santo.

Celina guardara a mensagem dessa promessa, que tantas vezes era pregada pelos missionários. Convicta dessa doutrina pentecostal, ela e sua amiga Maria Nazaré entraram em campanha de oração. Celina fez um voto ousado e confiante em Deus. Faria o mesmo que fizeram os discípulos no livro de Atos: permaneceria em oração e não se ausentaria de casa, até que fosse batizada no Espírito Santo.

4.1.2 Batismo de Celina no Espírito Santo

Firme nesse propósito, passados cinco dias de jejum e oração, segundo Berg (1995), em uma quinta-feira, a uma hora da madrugada do dia 9 de junho de 1911, em sua casa, Celina Albuquerque recebeu o batismo no Espírito Santo[2]. Maria Nazaré testemunhou tudo e, ao amanhecer, correu depressa até a casa do irmão Batista de Carvalho para levar a boa notícia. Estavam na casa o diácono Manoel Rodrigues e outros irmãos. Berg (1995, p. 91) registrou o testemunho do citado diácono: "Foi nesse momento que ouvi falar e cri no batismo do Espírito Santo".

4.1.3 Repercussão do batismo de Celina

Na noite de sexta-feira daquela semana, durante o culto na Igreja Batista, os membros presentes tomaram conhecimento do fenômeno acontecido na Rua Siqueira Mendes – residência da irmã Celina de Albuquerque. Imediatamente, emitiram-se diversos comentários, muitos de regozijo e satisfação, outros de surpresa e estranhamento, e ainda outros de dúvidas e incertezas.

Com a difusão da notícia, após o culto, a maioria dos membros decidiu ir até a casa da irmã Celina para ouvir diretamente dela como se dera o acontecido. Pelo caminho, os comentários eram contraditórios. Alguns irmãos batistas ratificavam o ensino aprendido

---

2   De fato, Celina de Albuquerque foi a primeira pessoa a ser batizada com o Espírito Santo, em 1911, no Estado do Pará. A referência mais antiga do batismo com o Espírito Santo em terras brasileiras, porém, está relacionada ao pastor Paulo Malaquias, que recebeu o batismo, mas foi desautorizado por sua Igreja a ensinar essa verdade. "Malaquias, então pastor da Igreja Batista de Ramada, no município de Ijuí (RS), teve a experiência pentecostal em 1908" (Araújo, 2007, p. 444). Anos depois, Malaquias passou a integrar o quadro de pastores das Assembleias de Deus.

de que o batismo no Espírito Santo tinha ficado restrito à Era Apostólica. Outros questionavam esse ensino e estavam dispostos a se render ao fato de que os dons ainda estavam disponíveis à Igreja. Berg (1995) relaciona entre os visitantes na casa de Celina alguns dos líderes da Igreja, como José Plácito da Costa, Antônio Marcondes Garcia e esposa, Antônio Rodrigues e o Evangelista Raimundo Nobre, que respondia pelo pastorado.

4.1.4 Oposição dos descontentes

Na casa de Celina, os visitantes ouviram o eloquente e convicto testemunho de que o Espírito Santo tinha sido derramado tal qual em Pentecostes. Como era de se esperar, alguns duvidaram; contudo, a maioria se convenceu e aderiu ao movimento pentecostal. Muitos também passaram a crer e a desejar o revestimento de poder na própria vida. Estavam tão certos disso que, tempos depois, a irmã Maria Nazaré, amiga de Celina, seria batizada no Espírito Santo.

Na manhã de domingo, a irmã Celina Albuquerque, completamente curada e revestida de poder depois de muito tempo doente e impedida de ir à Igreja, caminhou alegremente e revigorada ao culto dominical. Quando se dirigiu à sua classe para ministrar a lição da escola dominical, foi surpreendida por Raimundo Nobre. O evangelista avisou-lhe que ela não estava autorizada a ministrar e que a partir daquele momento estava afastada da função de professora (Berg, 1995).

Sentindo-se ameaçado em sua liderança, o evangelista Raimundo convocou um culto extraordinário para toda a Igreja. Conforme Berg (1995), a convocação não apresentava os motivos da reunião; no entanto, era possível imaginar o assunto que seria tratado. Não se falava em outra coisa na Igreja a não ser sobre o batismo de Celina e seu afastamento da função de professora. A reunião foi realizada e os irmãos batistas compareceram.

4.2 Desligamento dos irmãos batistas

A controvérsia teológica gerada pelo batismo no Espírito Santo da irmã Celina Albuquerque culminou com o desligamento daqueles que aderiram ao movimento. Uma reunião extraordinária foi então convocada pelo evangelista Raimundo Nobre, líder interino da Igreja Batista.

Vingren (2000, p. 42) informa que essa reunião extraordinária aconteceu na noite de terça-feira de 13 de junho de 1911, quatro dias após o batismo da irmã Celina. No dia e hora marcados, os membros batistas compareceram ao culto atendendo à convocação.

O evangelista Raimundo Nobre tomou a palavra e se dirigiu aos presentes nos seguintes termos:

> *É chegado o momento de tomarmos decisões quanto ao futuro. Têm ocorrido muitos boatos a nosso respeito ultimamente, e eu, particularmente, também tenho sido testemunha de muitos deles. Os irmãos começaram a discutir doutrinas uns com os outros, coisa que jamais aconteceu antes. Temos visto muita dúvida e insatisfação, pois agora há um grupo de separatistas.* (Berg, 1995, p. 94)

Gunnar Vingren pediu a palavra e esclareceu que a experiência do batismo no Espírito Santo era promessa de Jesus; que a mensagem pentecostal não gera divisão; ao contrário, estabelece a unidade e estimula a comunhão entre os irmãos. Ele acrescentou que, ao ensinarem a doutrina, ele e Berg não tinham a intenção de provocar nenhum constrangimento à Igreja. O pastor sueco, porém, não estava surpreso, pois já havia vivido experiência similar quando pastoreou a Igreja Batista em Menominee, Michigan. Apesar das argumentações do missionário, Raimundo Nobre permaneceu irredutível em seu pensamento. O evangelista estava arraigado e dominado pela "teoria cessacionista". Ele acreditava que o falar em línguas e o batismo no Espírito Santo estavam restritos ao período apostólico.

Berg (1995, p. 94) apresenta a fala de Raimundo: "Mas eram milagres que aconteciam naquela época apenas. Não posso imaginar que haja pessoas instruídas em nossos dias que acreditam que esses fatos históricos se aplicam à nossa realidade".

Ainda de acordo com Berg (1995), Gunnar ouviu com atenção e paciência cada uma das palavras proferidas pelo evangelista e contra-argumentou:

> *No meu ponto de vista, o irmão é uma testemunha do Senhor que, como nós missionários, coloca sua vida a serviço do Mestre. Qual de nós conduz as almas perdidas ao caminho é irrelevante. Importa é que o número de almas salvas aumente e se torne cada vez maior. Não digo que o irmão não esteja na verdade, mas que não encontrou toda a verdade. A verdade do batismo com o Espírito Santo; a verdade que Jesus nos dá poder para curar enfermidades ainda em nossos dias.* (Berg, 1995, p. 95)

O argumento apresentado pelo pastor Vingren estava fundamentado nas Escrituras e nas experiências reais vividas pelos missionários e por parte dos irmãos da Igreja Batista. No entanto, esses argumentos não convenceram o evangelista Raimundo. O líder interino dos batistas permaneceu irredutível em sua crença pessoal.

Até aquele momento da reunião, o debate estava polarizado entre o evangelista Raimundo e o pastor Vingren. Porém, ao término da fala do missionário, um dos presentes decidiu intervir.

Tratava-se do diácono Manoel Rodrigues, um ancião muito respeitado entre os membros.

Berg registra que a fala do diácono dirigida ao evangelista se apresentou nos seguintes termos:

> Caro irmão, compreendo muito bem os seus sentimentos. O Senhor nos vê como um grupo de traidores que se distanciou dos ensinamentos bíblicos que nos ministrou [...]. Irmão, não temos nenhuma queixa a fazer contra os ensinos recebidos. Uma vez que o senhor desconhecia as verdades pregadas pelos nossos irmãos e amigos estrangeiros [...] Vou lhe dar alguns exemplos reais de como Jesus também cura hoje, em nossos dias. (Berg, 1995, p. 95)

O diácono Manoel continuou seu discurso e, como se pode observar, apelou para o bom senso. Argumentou que os ensinos dos missionários não eram heresia e, para comprovar sua posição, pôs-se a enumerar alguns milagres:

> Temos uma irmã que é membro da congregação há muitos anos [...] durante um longo período, andava com auxílio de duas muletas. Ela ainda as tem [as muletas], porém não depende mais delas para se locomover [...]. Aqui há uma mulher que tinha um tumor na garganta. O tumor já não existe, pois o Senhor a curou. Temos ainda a irmã Celina que, segundo os médicos, sofria de uma doença incurável. O Senhor também a curou [...]. Para terminar, gostaria de ler Atos dos Apóstolos 2.39, onde está escrito com clareza que a promessa também se estende aos nossos dias. (Berg, 1995, p. 96-97)

Diante do olhar de toda a congregação, emocionado, mas com a voz firme, Berg (1995, p. 97) conta que o diácono Manoel leu as Escrituras (Atos, 2: 39): "Porque a promessa vos diz respeito a vós, a vossos filhos, e a todos os que estão longe, a tantos quantos Deus nosso Senhor chamar".

Apesar dos fatos apresentados, o evangelista não recuou em sua posição. Alencar (2010a, p. 15) suspeita que a postura irredutível de Raimundo não se devia apenas ao conflito sobre a doutrina pentecostal; ele era um pastor temporário que queria ser efetivado. A presença de Vingren e Berg era real ameaça para seus planos. Portanto, opor-se à doutrina pentecostal fora apenas um pretexto para livrar-se dos missionários.

Berg (1995, p. 97) menciona que o evangelista disse aos missionários: "Acabo de tomar a decisão. De agora em diante, vocês não são mais bem-vindos aqui. Providenciem outra casa para morar e fazer seus cultos". Em seguida, voltou-se para o grupo de irmãos presentes e perguntou: "Quantos estão de acordo com essas falsas doutrinas?" (Berg, 1995, p. 97). Instantaneamente e de modo resoluto, 18 pessoas levantaram as mãos. Em consequência, esses irmãos foram excluídos do rol de membros da Igreja Batista de Belém. A esse respeito, Berg revela que entre estes estavam os antigos líderes da Igreja, a saber:

> Lá estava José Plácito da Costa que em primeiro lugar liderava os professores da escola dominical [...]. Também se fazia presente sua esposa, irmã Piedade [...]. Manuel Rodrigues, o irmão mais idoso [...] e secretário da Igreja até então [...] juntamente com sua esposa Maria [...]. Henrique Albuquerque e sua esposa Celina, a antiga professora da escola dominical [...]. Maria Nazaré, a segunda a ser batizada [e que] havia presenciado o batismo de Celina [...]. (Berg, 1995, p. 97-98)

Berg (1995, p. 97) ainda esclarece que "dezoito dos presentes levantaram as mãos, conscientes de que aquilo acabaria implicando na sua própria exclusão da Igreja". Alencar (2010a) informa que na história contada por Emílio Conde são 17 excluídos e que na lista aparecem 20 nomes. A explicação provável é dada por Conde, quando diz que "dessa lista, 17 eram membros e outros, menores"

(Alencar, 2010a, p. 62). Após o acontecido, os missionários ficaram desabrigados. Foram expulsos arbitrariamente da Igreja e injustamente desalojados do porão. Os membros excluídos também não tinham mais onde congregar. Então, o irmão Henrique – esposo da irmã Celina Albuquerque – prontamente ofereceu sua casa para ser o novo local de cultos; e ainda passou a hospedar os missionários em sua residência (Berg, 1995).

4.3 Missão da Fé Apostólica

Conforme vimos anteriormente, após terem sido expulsos da Igreja Batista de Belém, os 18 irmãos excluídos e os missionários começaram a reunir-se na casa da família Albuquerque. Essa nova Igreja recebeu o nome de *Missão de Fé Apostólica*, o mesmo da Igreja que outrora fora pastoreada por Seymour na Rua Asuza em Los Angeles – berço do pentecostalismo contemporâneo. Segundo Berg (1995), o início da obra aconteceu cinco dias após a reunião extraordinária.

O pastor Vingren assumiu o cargo de dirigente e os demais irmãos dedicaram-se basicamente às mesmas atividades que exerciam na Igreja Batista. Berg (1995) informa que, além da recém-nascida Igreja, havia pequenos trabalhos espalhados em diferentes pontos da cidade, onde os missionários também orientavam os cultos. Ainda segundo Berg (1995), o local de culto não era apenas um lugar para o qual as pessoas se dirigiam aos domingos; os irmãos lá se reuniam para desfrutar da comunhão entre eles, para celebrar o aniversário ou o nascimento de crianças e para os funerais. Desse modo, tanto as alegrias quanto as tristezas eram compartilhadas.

Parte das pessoas que frequentavam a Igreja havia sido despertada pelo testemunho de Daniel Berg, que, ao vender bíblias de porta em porta pela cidade, tinha a oportunidade de lhes fazer o convite para participar de sua Igreja. A outra parte era composta por membros de outras Igrejas evangélicas que participavam dos cultos em busca de renovação espiritual, insatisfeitos com a formalidade e a frieza das Igrejas a que pertenciam. Após experimentarem o batismo no Espírito Santo e testemunharem milagres, geralmente eram excluídos das Igrejas de origem. Com o crescimento do trabalho, surgiu a necessidade de encontrar um lugar maior:

> Da Rua Siqueira Mendes, a sede foi transferida para uma casa na Avenida São Jerônimo no 224 (antigo), pertencente ao irmão José Batista de Carvalho, lá permanecendo até 8 de novembro de 1914, quando foi transferida para a Travessa 9 de Janeiro no 75 (antigo). Havia, porém, ponto de pregação nas vilas Coroa e Guarany. (Almeida, 1982, p. 24)

É relevante observar que a necessidade de ampliar os espaços nos lugares de culto se tornou uma realidade frequente na história das Assembleias de Deus a partir desse momento. Os líderes eram constantemente obrigados a mudar o endereço da Igreja em busca de lugares cada vez maiores para poder abrigar o sempre crescente número de fiéis.

4.3.1 Adversidades em Belém

Assim que a notícia dos cultos pentecostais se espalhou pela cidade, surgiram adversidades. O testemunho das pessoas que eram curadas e batizadas no Espírito Santo atraiu membros de outras denominações para as reuniões de oração e estudo bíblico.

Berg (1995) explica que, tão logo as outras Igrejas evangélicas começaram a notar a grande evasão, iniciaram uma campanha de todos os líderes evangélicos para difamar os missionários.

Raimundo Nobre – líder da Igreja Batista –, alucinado e tomado de inveja pelo crescimento vertiginoso da nova Igreja, redigiu um panfleto de 27 páginas, no qual atacava a fé e a doutrina ensinada pelos missionários. Segundo Berg (1995), o evangelista mandou imprimir 20 mil cópias desse documento que foram enviadas para as Igrejas evangélicas de todo o Brasil. No documento, os missionários eram acusados de heresia e os membros da Igreja eram incentivados a não manter com eles qualquer comunhão. Algumas dessas cópias chegaram à redação do jornal *A Folha do Norte*. Um jornalista disfarçado foi enviado para assistir a um dos cultos. Na manhã seguinte, o jornal publicou a ideia central do referido panfleto.

O artigo teve o mesmo resultado gerado pela publicação no jornal de Los Angeles acerca do Avivamento da Rua Azusa: despertou uma curiosidade geral a respeito dos fenômenos das curas e do batismo no Espírito Santo. A Igreja não poderia ter tido uma propaganda melhor. O jornal da cidade divulgara a doutrina pentecostal – e o fizera gratuitamente. Depois dessa grande repercussão, o autor do artigo decidiu participar de outro culto.

Berg (1995) conta que, no dia seguinte, os leitores do jornal tiveram novas notícias sobre a doutrina pentecostal. O artigo, dessa vez extremamente positivo, causou impacto tão forte quanto o da primeira publicação: "Jamais em toda a minha vida participei de uma reunião de crentes em que eu pudesse ser testemunha de tanta alegria e fé como agora", escreveu o jornalista (Berg, 1995, p. 104).

Ao mesmo tempo em que a publicação do jornal divulgou o trabalho da Igreja, também despertou amarga inveja e impiedosa perseguição. Vingren (2000) informa que diversas vezes ele e Berg foram perseguidos por pessoas armadas com facas e que os primeiros batismos no Pará aconteceram em segredo, geralmente às 23 horas, a fim de garantir a integridade física e a segurança dos irmãos.

Berg (1995) revela ainda que os cristãos eram obrigados a realizar seu batismo nas águas lamacentas do Rio Guamá, algumas vezes às duas da madrugada. O missionário conta também que os trajetos de ida e volta não podiam ser os mesmos; o itinerário era sempre alterado a fim de livrarem os irmãos de eventuais ataques. Ele acrescenta que o culto de batismo era realizado às pressas e que, muitas vezes, os irmãos precisavam se retirar apenas com os trajes de batismo, pois era extremamente arriscado trocar de roupa à beira do rio. Entretanto, os irmãos batizados retornavam em regozijo para casa, não raras vezes com lágrimas de alegria a banhar suas faces em meio a escuridão da noite ou a claridade da lua.

Vingren (2000) revela em seu diário que, em certa ocasião, os irmãos tomaram coragem e, cansados de se esconder, anunciaram o batismo público. A notícia se espalhou e centenas de homens que professavam a fé católica marcharam para o local do batismo com o propósito de impedir a cerimônia. O líder da fanática turba caminhava à frente da multidão carregando uma cruz. Quando Vingren se pôs a ler a Bíblia, o líder empunhou uma faca e se preparou para atacar o missionário. Nesse momento, a irmã Celina interveio e se colocou entre o fanático católico e o pastor Vingren. Esse gesto de coragem da irmã impediu que o missionário fosse esfaqueado.

4.3.2 Sinais e maravilhas

Semelhante aos sinais miraculosos na incipiente Igreja de Atos dos Apóstolos, os irmãos em Belém e no Pará passaram a testemunhar as manifestações do poder de Deus. Tal qual a Igreja primitiva, na nascente Assembleia de Deus os testemunhos de milagres tinham o propósito de confirmar a doutrina pentecostal.

Araújo (2007) informa que, em um dos cultos na Vila Coroa, um homem foi tomado por um espírito maligno de modo tal que ninguém podia contê-lo. Uma irmã presente no culto, Josina Galvão, apontou o dedo para o possesso e ordenou que o demônio se retirasse. "Para admiração geral, o homem ficou de cócoras, imobilizado, completamente dominado pelo poder de Deus. Todos viram algo que, como um raio, saiu pela janela e desapareceu" (Araújo, 2007, p. 42). Diante desse fato, os incrédulos presentes reconheceram a presença de Deus entre os crentes.

Vingren (2000) também apresenta em sua obra vários milagres, entre eles a cura de um homem que sofria de uma grave enfermidade na perna; de um homem paralítico que estava moribundo e nem falava mais; de uma criança desfalecida por causa de alta febre; de um ancião que sofreu de hérnia por nove anos; de um homem que tinha o corpo todo inchado e sofria com muita febre; de uma irmã que sofria com duas graves enfermidades e recebeu em um único culto a libertação das duas doenças; de uma mulher quase cega e desenganada pela medicina; de uma mulher paralítica de uma perna; e o grande milagre no qual um homem, com o filho morto nos braços, invocou o nome do Senhor e a criança tornou a viver.

Aliada aos extraordinários milagres, às manifestações do Espírito Santo e aos estudos da Palavra de Deus, a nova Igreja fazia contínuas orações e esmerava-se na evangelização de vizinhos, amigos, familiares e colegas de trabalho.

De acordo com as considerações de Alencar (2013, p. 81),

> nas primeiras décadas, a Igreja era formada indistintamente por todos. No começo ainda não estava formado o corpo eclesiástico. Ela não tem clero e membresia, tem seguidores; não tem templos e órgãos institucionais, tem uma revelação; não tem prebendas, cargos ou títulos, tem um carisma. O que são as ADs, então? Um movimento.

As ADs são um movimento pentecostal que é autenticado pela manifestação do Espírito Santo por meio de sinais e maravilhas.

4.3.3 Primeiros pastores brasileiros

Logo depois do início dos trabalhos, em virtude do crescimento da obra, fez-se necessária a consagração de pastores brasileiros para auxiliarem na obra do Senhor, que até então era conhecida como *Missão da Fé Apostólica*. De acordo com o registro no *Diário do Pioneiro*: "Em 1912, no princípio do ano, o irmão Isidoro Filho foi consagrado a Pastor e colocado na direção da igreja em Soure, e no princípio de 1913 o irmão Absalão Piano também foi separado para o pastorado e passou a dirigir a igreja em Tajapuru" (Vingren, 2000, p. 62). Em 1915, foram consagrados ao pastorado os irmãos Crispiniano Melo e Pedro Trajano, em 1916, recebeu a consagração o irmão Adriano Nobre. Em cinco anos, cinco pastores foram consagrados.

Depois de atuar na Igreja em Belém por um período de 13 anos, o pastor Vingren transferiu sua residência para o Rio de Janeiro – então capital da República – com o objetivo de consolidar seu trabalho.

Como substituto do pastor Vingren em Belém, assumiu a liderança o missionário sueco Lars Eric Samuel Nyström (1891-1960), que pastoreou a Igreja de 1924 a 1930. Nyström deu prosseguimento ao trabalho iniciado pelo seu antecessor e promoveu a expansão da obra de evangelização. O novo pastor teve como cooperadores o missionário Nels Julius Nelson (1894-1963) e os pastores Josino Galvão, Pedro Trajano, Antônio Rego Barros, Plácido Aristóteles e Julião Silva. Nesse período foram instituídas as funções de diácono e presbítero. Segundo Almeida (1982), o primeiro presbítero foi o irmão José Barbosa e os primeiros quatro diáconos foram os irmãos José Abreu, Antônio Maria, Alexandre Dantas e Francisco Vitor.

Em 1930, o pastor Nyström foi substituído na liderança em Belém pelo missionário Nels Julius Nelson, que esteve à frente do pastorado da Igreja de 1930 a 1950. De acordo com Almeida (1982, p. 28), cooperaram com ele os pastores "Josino Galvão, Pedro Trajano, José Bezerra Cavalcante, José Moraes, Alcebíades Pereira Vasconcelos, Francisco Pereira do Nascimento, João Queirós e José Menezes". Nesse mesmo ano ocorreu a Convenção de Igrejas em Natal (RN), evento em que esteve presente o pastor Lewi Pethrus, de Estocolmo (Suécia) – amigo de infância de Daniel Berg. Na ocasião, ficou definido que as Igrejas no Brasil deveriam ser presididas por pastores brasileiros. Após essa decisão, a Igreja em Belém reuniu-se em 3 de fevereiro de 1931 e definiu "Que o irmão Nels Julius Nelson continuasse pastoreando a Igreja, mesmo depois que fosse entregue aos pastores brasileiros, e que o pastor Josino Galvão continuasse como seu auxiliar" (Almeida, 1982, p. 28).

Ao término do pastorado do missionário Nels Julius Nelson, em 1950, a Igreja de Belém passou a ser liderada pelo pastor Francisco Pereira do Nascimento – primeiro pastor brasileiro a presidir a Igreja-mãe. Em 1959, o pastor Nascimento mudou-se para São Cristóvão, no Rio de Janeiro, para assumir a liderança daquela igreja. Em Belém, assumiu a presidência da Igreja o pastor José Pinto de Menezes, que permaneceu na função por apenas 15 meses. Acometido de um esgotamento físico, ele foi substituído pelo pastor Alcebíades Pereira de Vasconcelos (1914-1988).

Conforme narra Almeida (1982, p. 34), "O Pastor Alcebíades assumiu o trabalho em Belém no dia 6 de março de 1961, tendo como colaboradores na administração os Pastores José Pinto de Menezes, Armando Chaves Cohen e Firmino de Anunciação Gouveia".

Com a transferência do pastor Alcebíades para o Rio de Janeiro, então capital do Brasil, o pastor Firmino de Anunciação Gouveia (1925-) assumiu o pastorado em Belém em 29 de dezembro de 1968. Ele atuou como presidente da Igreja por um período aproximado de 29 anos. Durante sua gestão, segundo Almeida (1982), a Igreja em Belém saltou de 12 para mais de 100 congregações filiadas. Destaca-se também na administração do pastor Firmino a aquisição da Rádio Transpaz e da TV Boas Novas.

Em 27 de janeiro de 1997, Firmino, entendendo que o seu tempo como pastor em Belém tinha findado, passou a liderança da Igreja ao pastor Samuel Câmara (1957-), que à época liderava a Igreja de Manaus. Até os dias atuais, o pastor Câmara permanece como líder da Igreja em Belém. O pastor Firmino ainda congrega na Igreja em Belém e atualmente exerce a função de presidente de honra.

4.4 Fundação da Assembleia de Deus

Em virtude do crescimento do movimento pentecostal, sentiu-se a necessidade de realizar um concílio geral entre os ministros dessa fé.

O primeiro evento foi realizado em 1914, nos Estados Unidos. O objetivo não era criar uma organização eclesiástica, mas estreitar a comunhão e redigir uma declaração das principais doutrinas do pentecostalismo. Nessas circunstâncias surgiu o nome *Assembleia de Deus*.

4.4.1 Assembleia de Deus norte-americana

Em 1914, em Hot Springs, Arkansas (EUA), surgiram as Assemblies of God (AGs). O primeiro Concílio Geral de Ministros de Fé Pentecostal realizou-se de 2 a 12 de abril de 1914. Cerca de 300 delegados participantes, procedentes de Igrejas pentecostais independentes, oriundos de 20 estados norte-americanos, reuniram-se nessa ocasião.

De acordo com Cabral (1998, p. 51), o objetivo principal era "estreitar os laços fraternos, não existindo o desejo de criar uma estrutura denominacional que interferisse na jurisdição de cada igreja local. Nestes termos redigiu-se uma declaração de princípios de igualdade, respeito mútuo e cooperação entre as Igrejas de fé pentecostal".

Araújo (2007, p. 105) salienta que eram cinco as razões apresentadas para justificar a realização do concílio: "unidade doutrinária, conservação da obra, interesses missionários estrangeiros, licenciamento das Igrejas sob um nome comum para fins legais e necessidade de uma escola permanente de treinamento bíblico". Ao final do Concílio, foi adotado para a Igreja o nome *Assembleia de Deus* (AD).

Ainda em 1914, em novembro, na cidade de Chicago, foi realizado o Segundo Concílio Geral. Nessa ocasião, um dos princípios teológicos da Reforma Protestante foi ratificado: a *Sola Scriptura* (Somente a Escritura), segundo a qual a Palavra de Deus deveria ser a autoridade suprema em regra de fé e conduta cristã.

Dois anos depois, em 1916, na cidade de St. Louis, no Missouri, o Terceiro Concílio Geral foi realizado. Nesse evento foi aprovada a *Declaração das verdades fundamentais*. Não se tratava de uma declaração teológica completa, mas de "um direcionamento para o movimento pentecostal, que ia, assim, aumentando e estruturando-se doutrinariamente e como mais uma denominação" (Cabral, 1998, p. 52).

Entre as doutrinas que foram pacificadas nos Concílios estão a ortodoxia trinitária, a doutrina da santidade e o falar línguas estranhas como evidência do batismo no Espírito Santo. Araújo (2007, p. 106) destaca que "desde o começo as Assembleias de Deus norte-americanas têm posto seu foco sobre o evangelismo e missões, o que lhe tem proporcionado um crescimento de membros na América e de missionários em todo o mundo".

4.4.2 Nome *Assembleia de Deus* no Brasil

É importante salientarmos que no Brasil esse nome foi oficializado somente em 1918. Alencar (2010a, p. 93) questiona se as ADs no Brasil nasceram por influência das norte-americanas, mas explica em seguida: "Apesar de os suecos terem chegado ao Brasil vindo dos EUA, eles não são enviados por alguma missão ou Igreja norte-americana [...] nenhum missionário norte-americano é enviado para supervisionar e lhes dar qualquer tipo de suporte".

Em concordância com essa assertiva, sabemos que, nos primeiros anos (a partir de 1911), o pentecostalismo brasileiro adotou o nome *Missão de Fé Apostólica*. Segundo Alencar (2010a), em novembro de 1917, o jornal *Voz da Verdade* publicou uma notícia em que ficava implícito que nos primeiros sete anos da Igreja os nomes *Missão da Fé Apostólica* e *Assembleia de Deus* eram usados alternadamente para a mesma Igreja de cunho pentecostal:

> Os nossos irmãos Samuel Nyström e Daniel Berg em uma viagem evangelística que fizeram em seis Igrejas da **fé apostólica**, no interior deste Estado, batizaram 90 pessoas. A **Assembleia de Deus** em São Luiz (Pará) tem crescido tanto que o vasto salão da Casa de Oração se tornou pequeno para acomodar os irmãos que ali se reúnem. O Pastor Gunnar Vingren batizou, no batistério da **Assembleia de Deus** nesta cidade [Belém], 12 pessoas [...]. O Nosso irmão [...] um missionário da **fé apostólica** *(Assembleia de Deus)*. (Alencar, 2010a, p. 63, grifo nosso)

Existem ainda outros registros que confirmam o uso do nome *Assembleia de Deus* no Brasil antes de sua oficialização, em 1918. Quando a missionária Frida Strandberg (que mais tarde se casaria com o pastor Vingren) chegou ao Brasil, escreveu uma carta detalhada e a enviou para a Suécia. A carta é datada de 5 de julho de 1917 e contém a informação de que na placa da Igreja estava a inscrição "Assembleia de Deus":

> À noite fomos ao culto. Não moramos na mesma casa onde está a igreja. Desde longe ouvimos os cânticos. Já havia escurecido às sete horas da noite. O local da igreja é bonito: todo branco, contrastando com o verde escuro. Sobre a porta está escrito: "**Assembleia de Deus**". Oh! como cantavam! Uma irmã sentada bem na frente dirigia os hinos com a sua forte voz de soprano, como uma flauta. Os irmãos Samuel e Adriano falaram, e depois oramos. Eu estava sentada ali como uma estrangeira, mas me sentia bem entre eles. Depois todos vieram para saudar a recém-chegada. Todos são muitos bons. Tornei-me amiga das criancinhas. Não foram necessárias muitas palavras. São muito lindas elas. (Vingren, 2000, p. 100, grifo nosso)

Em 1914, o nome *Assembleia de Deus* foi oficializado nos Estados Unidos. Em 1916, foi a vez de a Guatemala usá-lo, e, em 1917, o México o adotou nas Igrejas pentecostais. No Brasil, o registro oficial é datado de 1918, porém, já estava sendo usado anteriormente.

Acerca da escolha do nome para a Igreja em solo brasileiro, Almeida (1982, p. 64) apresenta o testemunho do irmão Manoel Rodrigues:

> *Estou perfeitamente lembrado da primeira vez que se tocou neste assunto. Tínhamos saído de um culto na Vila Coroa. Estávamos na parada do bonde, na Bernal do Couto, com a Santa Casa de Misericórdia. O irmão Vingren perguntou que nome deveria dar-se à Igreja, explicando que na América do Norte usavam os termos Assembleia de Deus ou Igreja Pentecostal. Todos os presentes concordaram que deveria ser Assembleia de Deus, e no dia 11 de janeiro de 1918, foi registrada oficialmente com esse nome.*

Desse modo, ou seja, de maneira inusitada e informal, o referido nome foi adotado pelos pentecostais do Brasil; em um local incomum, em uma parada do bonde, o missionário Gunnar Vingren e os membros presentes escolheram por unanimidade a expressão *Assembleia de Deus*. O que eles não previram era que a denominação iria se referir a um grande movimento pentecostal brasileiro.

4.4.3 Primeiros missionários estrangeiros

Entre 1911 e 1918 chegaram ao Brasil diversos missionários para ajudar na incipiente Igreja Assembleia de Deus. Alguns vieram impulsionados pela chama missionária, sem o apoio financeiro ou eclesiástico de Igreja alguma. Outros foram enviados pelas Juntas Missionárias das Igrejas a que pertenciam. No entanto, em qualquer dos casos, o que ardia no coração dos missionários era o desejo de ganhar almas para Cristo. Não conheciam o idioma português e tinham consciência das adversidades que encontrariam em solo brasileiro. Não obstante, aqui desembarcaram e doaram a própria vida em prol do crescimento do Evangelho no país. Dentre os primeiros missionários, destacamos três casais de origem sueca.

O primeiro casal a que fazemos referência são os missionários Otto Nelson e Adina Petterson. Quando solteiros, eles tinham imigrado para os Estados Unidos. Na América do Norte eles se conheceram e lá se casaram. Frequentavam uma Igreja pentecostal e sentiram de Deus a chamada para a obra missionária. Não foram enviados por Igreja alguma; vieram guiados pelo Espírito Santo. Chegaram ao Pará em 25 de outubro de 1914 e passaram a ajudar o pastor Vingren em Belém. Em seguida, trabalharam e oficializaram a AD em Alagoas e no Estado da Bahia. Também foram pioneiros na Argentina e no Uruguai. Pastor Nelson ainda presidiu a AD de

São Cristóvão, no Rio de Janeiro e foi presidente da sexta Convenção Geral das ADs, em 1935.

Na *Harpa Cristã*, Otto Nelson é autor do hino n. 127, muito conhecido entre os assembleianos por ser frequentemente cantado em eventos missionários e evangelísticos. O hino tem quatro estrofes e o seguinte coro: "Fala Deus! Fala Deus! Toca-me com brasa do altar; Fala Deus! Fala Deus! Sim, alegre, atendo ao Teu mandar".

Nelson e Adina tiveram três filhas: Lydia, Ester e Ruth. Ao findar a carreira, ele retornou para a Suécia, onde faleceu em 5 de dezembro de 1982, aos 91 anos de idade.

Em 18 de agosto de 1916, foi a vez de Samuel Nyström e Karolina Berggren aportarem no Brasil. Eles tinham sido enviados pela Junta Missionária da Igreja Filadélfia de Estocolmo (Suécia), que era liderada pelo pastor Lewi Pethrus. Auxiliaram o pastor Vingren e Daniel Berg em Belém e no ano seguinte foram enviados para Manaus (AM). O missionário Nyström aparece, com Vingren, como fundador da AD no Estatuto oficializado em 1918. Ele e Vingren também iniciaram a imprensa escrita das ADs.

Em 1917, Nyström dotou a Igreja de Belém com uma pequena tipografia que passou a editar o jornal *Boa Semente*. Quando Vingren mudou-se para o Rio de Janeiro, em 1924, Nyström o substituiu na liderança da Igreja em Belém. Em 1932, quando Vingren, muito doente, retornou para a Suécia, Nyström novamente substituiu o pioneiro – dessa vez, no Rio de Janeiro.

O pastor Nyström foi, ainda, nove vezes presidente da Convenção Geral das ADs no Brasil. Em 1946, por seu esforço pessoal, levantou uma oferta para a instalação do maquinário para a Casa Publicadora das Assembleias de Deus (CPAD).

Ele se destaca também por quatro hinos que compôs para a *Harpa Cristã*: n. 13, *Jesus Comprou-me do mundo aqui*; n. 87, *Jesus,* sou Teu e Tu és meu; n. 290, *Teu Espírito, vem, derrama*; e n. 494, *Jerusalém, mansão de luz*.

Em 1960, ao viajar para pregar na Suécia, no dia 14 de novembro, aos 69 anos, sofreu uma parada cardíaca que o recolheu para a eternidade. Sua amada esposa, Lina, faleceu em 1982, aos 96 anos de idade.

O terceiro casal de missionários que se destacou nos primeiros sete anos de história das ADs no Brasil é Joel Carlson e Signe Charlotta Hedlund. Eles também foram enviados pela Junta de Missões de Estocolmo. Um detalhe curioso é que o culto em que foram comissionados para a obra missionária no Brasil ocorreu no mesmo dia da cerimônia de casamento deles.

Eles chegaram ao Brasil em 12 de janeiro de 1918. No mês de outubro desse mesmo ano, foram enviados para Recife (PE) e substituíram o pastor Adriano Nobre na capital pernambucana. Os missionários realizaram trabalho evangelístico na Paraíba e no Rio Grande do Norte e ainda apoiaram o trabalho em Campina Grande (PB).

Carlson também contribuiu com dois hinos para a *Harpa Cristã*: n. 465, *Eu sei que eu era culpado*; e n. 495, *Abre o coração! Abre o coração!*.

Sobre a morte desse destemido missionário, Araújo (2007) comenta que, em 23 de agosto de 1942, Carlson batizou nas águas 187 irmãos, dentre os quais um estava com tifo e lhe transmitiu a doença, que causou sua morte em 7 de setembro, duas semanas após o batismo. Após a morte de Carlson, divulgou-se entre os irmãos o seguinte fato: "Dias antes de sua morte, um crente tivera um sonho no qual via o Céu em preparativos para receber um grande príncipe que chegaria da Terra. Esse príncipe era o missionário Joel Carlson, concluíram os crentes" (Araújo, 2007, p. 157).

4.4.4 Missionária por excelência

Ainda em 1916, a Assembleia de Deus no Brasil recebeu um enorme reforço: a missionária Frida Maria Strandberg (1981-1940). Nascida na região norte da Suécia e com formação em Enfermagem, era uma jovem muito avançada para sua época. Filha de pais luteranos, Frida tornou-se membro da Igreja Filadélfia de Estocolmo. Foi batizada em águas no dia 24 de janeiro de 1917; pouco tempo depois, recebeu o batismo no Espírito Santo e, posteriormente, o dom de profecia. Nesse mesmo ano, o pastor Vingren (que estava em viagem na Suécia) encontrou-se com Frida. Os dois conversaram e ela lhe contou que tinha uma chamada missionária para o Brasil. Após esse diálogo, por diversas vezes os dois oraram juntos na casa do pastor Lewi Pethrus.

Mais tarde, Frida viajou para Nova Iorque e de lá embarcou com destino ao Pará, onde chegou no dia 3 de julho de 1917. Foi recebida pelo casal de missionários Samuel e Lina Nyström e ficou hospedada na casa deles. Cerca de 30 dias após a chegada de Frida ao Brasil, o pastor Vingren também regressou de sua viagem à Suécia. Segundo Ivar Vingren (2000, p. 102), "Dois meses após Gunnar Vingren ter regressado a Belém do Pará, ele e Frida Strandberg se casaram. A data do casamento foi comunicada à igreja: 16 de outubro de 1917". O casamento foi celebrado pelo pastor Nyström, dois dias antes de mudar-se para Manaus com sua esposa, Lina. Cumpria-se outra parte da profecia recebida por Vingren por meio do irmão Adolf Ulldin: que se casaria com uma moça de sobrenome Strandberg.

A missionária Frida tornou-se o braço direito do pastor Vingren e um enorme reforço para a obra no Brasil. Segundo Alencar (2013, p. 121), numa reportagem do jornal sueco *Evangelii Härold*, com o título "Nova força de trabalho para o Brasil", lê-se o seguinte:

"A nossa irmã tem frequentado um curso de oito semanas no Seminário Bíblico Sueco, um curso de dois anos no hospital de Vanersborg, e um curso de três meses na Maternidade de Estocolmo [...] a sua tarefa será primeiramente ser professora de Bíblia".

Araújo (2007, p. 903) menciona que essa missionária sueca, esposa do pastor Vingren, era "enfermeira, poetisa, compositora, musicista, redatora, pesquisadora, pregadora e ensinadora". Alencar (2013, p. 116) conta que ela compôs 24 hinos da *Harpa Cristã* e que

> dirigia cultos na Praça Onze, em presídios, nas casas e nos templos. Trabalhou no jornal oficial da denominação, Boa Semente, em Belém e, depois, no Rio de Janeiro, Som Alegre. Em 1930, os dois jornais são unidos e nasce o Mensageiro da Paz (existente ainda hoje) e ela se torna sua redatora.

Frida Strandberg viveu apenas 15 anos no Brasil: sete em Belém do Pará (1917-1924) e oito no Rio de Janeiro (1924-1932). Em 1931, enfrentou a perda de sua filhinha Gunvor, que foi sepultada no Rio de Janeiro. No ano seguinte, em 16 de setembro de 1932, voltou para a Suécia com seu marido gravemente enfermo. Um ano depois, Vingren faleceu. Dois anos após a morte do marido, Frida adoeceu gravemente. A enfermidade consumiu suas forças durante cinco anos. Assim, nesses últimos anos, Frida viveu doente e viúva com seus outros cinco filhos. Por fim, em 30 de setembro de 1940, a missionária faleceu, aos 49 anos de idade. Na lápide da missionária, Ivar, o filho mais velho, registrou o versículo 6 do Salmo 126: "aquele quem leva a preciosa semente, andando e chorando, voltará sem dúvida com alegria, trazendo consigo os seus molhos".

Síntese

Os missionários suecos Gunnar Vingren e Daniel Berg foram expulsos da Igreja Batista de Belém por pregarem e viverem a mensagem pentecostal. Todavia, essa expulsão não pôde deter a propagação do pentecostalismo. Inicialmente eles fundaram a Missão da Fé Apostólica, que após sete anos passou a ser denominada Assembleia de Deus, atualmente a maior Igreja pentecostal do Brasil.

Atividades de autoavaliação

1. Considere as seguintes afirmações sobre as adversidades sofridas pelos missionários suecos no início da nova Igreja e classifique-as como verdadeiras (V) ou falsas (F):

    ( ) Teve início uma campanha de todos os líderes evangélicos de Belém para difamar os missionários.

    ( ) A Igreja católica apoiou o movimento pentecostal em Belém.

    ( ) Raimundo Nobre, alucinado e tomado de inveja pelo crescimento vertiginoso da nova Igreja, redigiu um panfleto de 27 páginas no qual atacava a fé e a doutrina ensinada pelos missionários.

    ( ) Apesar das perseguições sofridas pelos missionários e pelos membros da nova Igreja, a liderança eclesiástica respeitava o sacramento do batismo, realizado pelos suecos.

2. Com relação ao Movimento da Fé Apostólica, assinale a alternativa incorreta:

    a) Após terem sido expulsos da Igreja Batista de Belém, os 18 irmãos excluídos e seus missionários começaram a se reunir na casa da família Albuquerque.

b) O pastor Vingren assumiu o cargo dirigente do movimento, e os demais irmãos dedicaram-se basicamente às mesmas atividades que exerciam na Igreja Batista.

c) Parte das pessoas que frequentavam o movimento era despertada pelo testemunho de Daniel Berg.

d) Após experimentarem o batismo no Espírito Santo e testemunharem milagres, geralmente as pessoas eram promovidas eclesiasticamente nas Igrejas de origem.

3. Indique se as seguintes considerações sobre o agir do Espírito Santo em Belém são verdadeiras (V) ou falsas (F):

( ) Semelhante aos sinais miraculosos na incipiente Igreja de Atos dos Apóstolos, os irmãos em Belém e no Pará passaram a testemunhar manifestações do poder de Deus.

( ) Há relatos de diversos milagres que ocorreram no início da Assembleia de Deus.

( ) Toda a cidade de Belém cria no mover do Espírito Santo.

( ) O movimento pentecostal naquela época não era autenticado pela manifestação do Espírito Santo por meio de sinais e maravilhas.

4. A respeito da reunião convocada por Raimundo Nobre, assinale a alternativa correta:

a) A reunião aconteceu cerca de dois meses após o batismo no Espírito Santo de Celina Albuquerque.

b) Gunnar Vingren ficou com medo e omitiu sua opinião acerca do batismo no Espírito Santo.

c) Foram expulsos da Igreja Batista 18 pessoas mais os dois missionários.

d) A única motivação de Nobre para expulsar os missionários foi a doutrina pentecostal.

5. Analise as seguintes considerações sobre a história da Assembleia de Deus no Brasil e classifique-as como verdadeiras (V) ou falsas (F):

( ) O nome *Assembleia de Deus* começou a ser utilizado apenas dez anos após sua fundação.

( ) O registro da Assembleia de Deus no Brasil ocorreu em 1918.

( ) Após a fundação da Assembleia de Deus no Brasil, nos primeiros anos chegaram diversos missionários norte-americanos para ajudarem na obra.

( ) Logo depois do início dos trabalhos, em virtude do crescimento da obra, fez-se necessária a consagração de novos pastores para auxiliarem na obra do Senhor.

Atividades de aprendizagem

Questões para reflexão

1. Considere que membros de determinada Igreja fossem expulsos dela nos dias de hoje por causa do advento de uma nova doutrina. Será que os membros excluídos e cerceados do direito ao contraditório e à ampla defesa aceitariam normalmente a decisão ou procurariam o Poder Judiciário para reaver seus direitos?

2. Raimundo Nobre escreveu um panfleto denegrindo a imagem e a doutrina dos missionários suecos. Entre os cristãos atuais, ainda existem ofensas públicas e desrespeito à fé do outro? Ou existem apenas apologistas em defesa do genuíno evangelho?

Atividades aplicadas: prática

1. Pesquise a história de fundação das principais Igrejas protestantes no Brasil e responda: os fundadores dessas Igrejas eram brasileiros ou estrangeiros?

2. Descubra por que a Assembleia de Deus no Brasil cresceu tanto em comparação às outras Igrejas protestantes.

capítulo cinco

Implantação das Assembleias de Deus[1]

---

[1] Os trechos bíblicos citados neste capítulo foram extraídos de Bíblia (1995).

05

A Assembleia de Deus (AD), iniciada em 1911 no Pará, chegou em 1914 ao Ceará, em 1915 a Alagoas, em 1916 a Pernambuco e ao Amapá e, em 1924, alcançou o Rio Grande do Sul. Nos seus primeiros 20 anos, alcançou todo o país (Alencar, 2010a, p. 70). A implantação da AD assemelha-se em vários aspectos com a Igreja primitiva. O registro de Atos dos Apóstolos assevera que "todos os dias acrescentava o Senhor à Igreja aqueles que se haviam de salvar" e também "muitos sinais e maravilhas eram realizados entre o povo pelas mãos dos apóstolos. E todos os que creram costumavam reunir-se, em comunhão" (Atos, 5: 12).

Seguindo o modelo apostólico com o registro de extraordinários milagres, manifestações do Espírito Santo e estudos bíblicos, a AD fazia contínuas orações e esmerava-se na evangelização. Como mencionado no capítulo anterior, de acordo com Alencar (2013, p. 81), "nas primeiras décadas, a Igreja era formada indistintamente por todos" e no começo ainda não estava formado "o corpo eclesiástico". A Igreja não tinha clero nem membresia, ela tinha "seguidores". Desse modo, sem templos e órgãos institucionais, as ADs cresceram como um "movimento": o movimento pentecostal.

5.1 Igrejas no Norte

A implantação da Igreja na Região Norte do Brasil iniciou em 1911, com as viagens de Vingren e Berg para o interior do Pará. Em 1915, por meio do irmão Cordulino Teixeira Bastos, o Pentecostes chegou a Roraima. Em 1916, foi a vez do Amapá ter essa experiência por intermédio do evangelista Clímaco Bueno Aza. Em 1917, o irmão Severino Moreno de Araújo mudou-se de Belém para Manaus e deu início ao trabalho no Amazonas. Em 1921, pela intercessão do irmão José Marcelino da Silva, a Igreja instalou-se em Rondônia. O Acre recebeu a mensagem pentecostal em 1932, graças ao trabalho do irmão Manoel Pirabas.

5.1.1 Implantação da Igreja no Pará

Iniciada em Belém, a Igreja se expandiu pelo estado paraense e por todo o território nacional. Desde o começo, a chama pentecostal e o desejo missionário arderam no coração dos pioneiros. Berg (1995, p. 108-109) conta que, no final de junho de 1911, semanas após a fundação da Missão de Fé Apostólica (MFA), abriram-se os trabalhos missionários no interior do Pará: "Daniel, levando consigo duas malas de viagem, uma contendo literatura e a outra, coisas pessoais, velejou de volta para Marajó". No *Diário do Pioneiro*, Vingren (2000, p. 51) registrou que cerca de quatro meses após a fundação da MFA principiaram os trabalhos missionários em Soure:

> Em 22 de outubro de 1911 fiz a primeira viagem para um lugar chamado Soure. [...] e no dia primeiro de novembro Jesus batizou uma irmã com Espírito Santo. [...] No dia seguinte, o sacerdote católico rasgou publicamente um exemplar do Novo Testamento. No dia cinco de novembro, sete pessoas foram batizadas nas águas, e no dia doze, mais sete novos irmãos foram batizados.

Vingren (2000) ainda registra que, em 1913, surgiu uma oportunidade de empreender esforços na cidade de Bragança por intermédio da esposa de um carpinteiro. Em seguida, foi a vez de trabalhar em Tajapuru, onde o missionário batizou nas águas um grupo de 40 pessoas (Vingren, 2000).

Existem anotações de um irmão que trabalhava com borracha, o qual, após convertido, passou a evangelizar. Ele ganhou para Cristo um grupo com cerca de 60 crentes. Mais tarde, tornou-se evangelista e pastor para atuar na evangelização das ilhas do Pará. O seu nome era Crispiano Fernando de Melo (Vingren, 2000).

Um trabalho também foi recebido em São Luís (entre Belém e Bragança), cujo dirigente era Pedro Trajano. Uma obra foi aberta em Guatipurá, lugar em que os crentes foram espancados e, depois, levados para a casa de detenção. Lá eles passaram a louvar a Deus, e o povo se reuniu em frente à prisão para ouvi-los cantar. Assim, "Após concluírem que não valia a pena manter presas pessoas que cantavam dentro da própria prisão, as autoridades deixaram os crentes voltar para suas casas" (Vingren, 2000, p. 55).

A estrada de ferro Belém-Bragança, que era ladeada por cidades e vilarejos, perfazia uma distância de 400 quilômetros. Daniel Berg percorreu esse caminho a pé. Evangelizou cada lugar com suas malas pesadas e repletas de bíblias. Vingren afirma que os pés do amigo "ficavam tão feridos e calejados, que ele era obrigado a caminhar descalço" (Vingren, 2000, p. 56). Nesse trabalho, em um lugar chamado Tauari, a multidão furiosa reuniu-se no mato para matar os crentes. Vingren (2000, p. 57) anotou: "A mão de Deus caiu pesadamente e de modo especial sobre os líderes daquela multidão. Um deles [...] ficou com grandes e tremendas feridas por todo o corpo [...]. Outro deles, comerciante, perdeu tudo o que possuía e ficou completamente na miséria. Um outro foi mordido por uma cobra e morreu imediatamente". São inúmeros os relatos de perseguição e ameaças nesse período; e em mesmo número são os testemunhos de milagres, livramentos e justiça divina:

> Os inimigos [...] têm sido castigados de maneira terrível. Uma pessoa ficou leprosa. Outra [...] morreu de repente. Um terceiro [...] contraiu três enfermidades terríveis. Outro disse: "Eu gostaria de cortar a perna de algum desses protestantes!" [...] esse homem foi encontrado morto à beira de um rio. Os animais selvagens haviam comido uma de suas pernas. (Vingren, 2000, p. 60)

Com o crescimento da obra, fazia-se necessário instituir, preparar e consagrar obreiros. Em 1912, Isidoro Filho foi consagrado a pastor e assumiu a liderança da Igreja em Soure. Em 1913, Absalão Piano foi consagrado para assumir a Igreja em Tajapuru. No *Diário do Pioneiro*, há um balanço realizado por Vingren (2000, p. 71) com os dados do trabalho:

Tabela 5.1 – Batismos nas Assembleias de Deus (1911-1914)

Ano	Batizados nas águas	Batizados com o Espírito Santo
1911	13	4
1912	41	15
1913	140	121
1914	190	136

Fonte: Vingren, 2000, p. 71.

Como se pode observar, em seus primeiros quatro anos de atividade, a Missão de Fé Apostólica, apenas na cidade de Belém, contabilizava 384 membros batizados em águas, dos quais 276 tinham experimentado o batismo com o Espírito Santo. Incontestavelmente, um trabalho em franco desenvolvimento.

5.1.2 Implantação da Igreja no Amazonas

O pioneiro das Assembleias de Deus no Amazonas foi o irmão Severino Moreno de Araújo. Ele fora membro da Missão da Fé Apostólica em Belém. Mudou-se para Manaus com o propósito de evangelizar e disseminar a mensagem pentecostal. O primeiro jornal da Missão de Fé Apostólica, *Voz da Verdade*, publicou em 1917, na sua primeira edição: "O nosso irmão Severino Moreno foi para Manaus, e lá testificou acerca da gloriosa verdade de que Jesus batiza com o Espírito Santo; foi tão abençoado que precisou ir para aquela capital um missionário da fé apostólica (Assembleia de Deus)" (Araújo, 2007, p. 27).

Em 18 de outubro de 1917, após o irmão Severino enviar uma carta a Belém pedindo ajuda, desembarcaram em Manaus os missionários Samuel Nyström e Lina (Karolina). O missionário fundou oficialmente o trabalho em 1º de janeiro de 1918. Após um ano e oito meses, Nyström passou a atender o trabalho nas ilhas do grande Amazonas. No período de 1919 a 1921, ele implantou 14 igrejas nas ilhas e batizou 200 novos convertidos. Quanto ao pioneiro – irmão Severino –, foi consagrado ao diaconato e tornou-se um prestimoso cooperador. Ele faleceu em Manaus, em 2 de dezembro de 1927 (Araújo, 2007).

5.1.3 Implantação da Igreja em Rondônia, em Roraima e no Acre

A AD foi implantada em Porto Velho (RO) por John Paul Aenis. Nascido nos Estados Unidos, Aenis e sua esposa Edna desembarcaram no Pará em 1921. Motivado pelos missionários suecos que se encontravam no Pará, Aenis dirigiu-se à capital de Rondônia ainda em 1921. Após três dias de estadia na cidade, o missionário Aenis encontrou José Marcelino da Silva. Na ocasião, esse irmão lhe contou que estivera orando por dois anos para Deus enviar um missionário para o seu estado. Alugaram, então, um salão e deram início aos cultos. A Igreja foi oficialmente fundada em Porto Velho em 28 de fevereiro de 1922. Por volta de 1934 já eram oito igrejas com um número aproximado de 400 irmãos. Em 16 de dezembro de 1924, Aenis retornou para os Estados Unidos, e assumiu o trabalho Manoel Cezar da Silva. Em 1925, a Igreja de Belém enviou para Rondônia o missionário Nels Julius Nelson (Araújo, 2007).

No Estado de Roraima, a mensagem pentecostal chegou em 1915. O arauto das boas-novas foi o irmão Cordulino Teixeira Bastos. O crescimento desse trabalho pode ser observado em dados estatísticos. As ADs em Roraima contavam, em 2007, 314 templos e cerca de 20 mil membros. Desde 10 de novembro de 1988, o líder na capital Boa Vista é o pastor Isamar Pessoa Ramalho (Araujo, 2007).

Por sua vez, o Estado do Acre recebeu a mensagem pentecostal em 1932, por meio do irmão Manoel Pirabas, que evangelizou a cidade de Cruzeiro do Sul. No dia 24 de janeiro de 1944, a Igreja foi oficializada na capital Rio Branco pelo pastor Francisco Vaz Neto (Araújo, 2007).

5.1.4 Implantação da Igreja no Amapá

A implantação da Igreja no Amapá se deu na capital Macapá, em 1916. O fundador do trabalho foi o evangelista Clímaco Bueno Aza, que nasceu na Colômbia em 1874, mas transferiu domicílio para o Brasil, no Estado do Pará. Em 1913, na cidade de Belém, aceitou Jesus Cristo como seu Salvador. A partir desse momento, abandonou suas atividades profissionais e se dedicou ao trabalho de evangelização. Percorreu quase todo o país pregando o Evangelho e ganhando almas para Cristo. Foi considerado um dos maiores evangelistas desbravadores das Assembleias de Deus e consagrado pastor em 10 de março de 1918, pelo missionário Gunnar Vingren. Além de ter fundado, em 1916, a Igreja em Macapá (AP), também fundou, em 1921, a Igreja em São Luís (MA), e no período de 1927 a 1931 fundou a Igreja mineira e atuou como pastor em Belo Horizonte (MG). Faleceu em 1950, aos 76 anos de idade (Araújo, 2007).

5.2 Igrejas no Nordeste

O primeiro estado do Nordeste a receber a mensagem pentecostal foi o Ceará, por meio da irmã Maria de Nazaré. Em 1914, o irmão Manoel Dubu fundou a Igreja na Paraíba. Em 1915, Vingren instalou a Igreja em Alagoas. Em 1916, o pastor Adriano Nobre levou a mensagem ao Pernambuco. No Rio Grande do Norte, o pentecostes chegou por meio de vários pregadores anônimos. Em 1921, a Igreja no Maranhão foi implantada pelo evangelista Clímaco Aza. Na Bahia, a mensagem chegou em 1926, com a irmã Joaquina Carvalho. Em 1927, o evangelista Raimundo Prudente alcançou o Piauí. Nesse mesmo ano, o sargento Armínio levou o pentecostes para Sergipe.

5.2.1 Implantação da Igreja no Ceará e na Paraíba

As primeiras Igrejas do Nordeste localizavam-se na Serra do Uruburetama, município de São Francisco, no sertão do Ceará. Quem levou a mensagem pentecostal foi a irmã Maria de Nazaré – segunda crente batizada com o Espírito Santo em Belém do Pará. Sua viagem de navio durou quatro dias. Primeiramente, ela evangelizou seus familiares. Mais tarde, foi enviado para lá o evangelista Adriano Nobre. Em 1914, quando o missionário Gunnar Vingren visitou o Ceará, encontrou duas Igrejas, uma com setenta membros e outra com trinta (Vingren, 2000). Por volta de 1915, Vicente Sales – que fora presbiteriano e se tornara pentecostal – foi consagrado pastor e assumiu a liderança da primeira AD no Ceará (Araújo, 2007, p. 118).

No final de 1914, foi a vez de o Estado da Paraíba receber a fé pentecostal. O portador da mensagem foi o irmão Manoel Francisco Dubu. O irmão Dubu era natural de Campina Grande (PB), nascido em 26 de março de 1882. Quando jovem, mudou-se para Belém do Pará e lá se converteu, em 1907, na Igreja presbiteriana. Em 1912, tornou-se pentecostal e foi a primeira pessoa do sexo masculino na Paraíba a ser batizada com o Espírito Santo. Em 17 de dezembro de 1914, retornou a Campina Grande e se tornou o primeiro evangelista da Paraíba. Faleceu em 9 de maio de 1971, aos 89 anos de idade (Araújo, 2007, p. 277).

5.2.2 Implantação da Igreja em Alagoas e em Pernambuco

A mensagem pentecostal chegou a Alagoas por intermédio de Gunnar Vingren. Ele realizou um trabalho de evangelização no estado no período de 1º de maio a 13 de julho de 1915. Conforme Ivar Vingren (2000, p. 75) relata, "aproveitou os dias da sua estada ali para visitar as casas dos batistas e testificar-lhes do batismo com o Espírito Santo. E obteve o resultado desejado. Sete deles creram, e entre os adventistas cinco". Mais tarde, Vingren enviou para Alagoas o casal de missionários suecos Otto Nelson e Adina Petterson. Os missionários estavam em Belém desde 1914 e no dia 21 de agosto de 1915 chegaram a Maceió. Encontraram na cidade, daquele grupo evangelizado por Vingren, seis crentes que permaneciam pentecostais. Quatro dias depois, durante um culto dirigido pelo missionário, três daqueles crentes foram batizados com o Espírito Santo. Araújo (2007, p. 504) informa que desde o começo houve perseguições violentas para desencorajar o pequeno grupo de pentecostais:

> Satanás mobilizou todas as artimanhas para desencorajar o povo de Deus em Maceió. Porém, quando verificou que as ameaças não atemorizavam, enviou falsos profetas com mensagens desanimadoras. Quando o povo estava reunido para adorar a Deus, os falsos profetas, do lado de fora gritavam: "Não vai, não vai, isso não vai". Queriam dizer que o trabalho ali não iria prosperar.

Por causa dessa hostilidade, as pessoas temiam se aproximar dos pentecostais. No entanto, o trabalho prosperou e, no dia 22 de outubro de 1922, foi inaugurado o templo da AD em Maceió. Na época, era o maior templo da denominação. No ano seguinte, o missionário Nelson realizou a primeira convenção das ADs em Alagoas. A presença de centenas de pentecostais na convenção deu maior visibilidade ao trabalho na capital alagoana. Em maio de 1930, o missionário Nelson entregou o projeto para Algot Svensson e seguiu para desbravar o Estado da Bahia.

O registro da obra em Pernambuco data do ano 1916. O pioneiro foi o pastor Adriano Nobre – um dos grandes desbravadores da Missão da Fé Apostólica. Tempos depois, em outubro de 1918, os missionários Joel Carlson e Signe Charlotta foram enviados para Recife (PE) e substituíram o pastor Adriano Nobre na capital pernambucana. Os primeiros meses foram extremamente difíceis. A cidade mergulhada na idolatria e o formalismo das Igrejas tradicionais ofereciam forte resistência à mensagem pentecostal. Em 1919, os missionários compraram uma casa coberta de palha, no bairro de Gameleira, e por vários meses realizaram cultos ali. O resultado foi extraordinário e a obra cresceu. Em 1922, a Igreja alugou um salão que comportava mais de 300 pessoas. As calúnias, os insultos e a propaganda contrária divulgada em folhetos, patrocinada pelas Igrejas tradicionais, despertaram a curiosidade do povo. Muitos começaram a frequentar os cultos para atestar as acusações. A grande maioria acabava por render-se à doutrina pentecostal. Em 15 de abril de 1928, Carlson inaugurou o templo-sede da AD em Pernambuco. Nessa época, a Igreja já contava com mais de 1,5 mil membros (Araújo, 2007).

5.2.3 Implantação da Igreja no Rio Grande do Norte

A mensagem pentecostal chegou ao Rio Grande do Norte pela ação de vários pregadores anônimos que provavelmente tiveram contato com o pentecostalismo na AD de Belém (PA). Quando os primeiros novos convertidos desejaram o batismo nas águas, a Igreja em Belém enviou para lá o pastor Adriano Nobre. Ele chegou a Natal (RN) em 1918 e lá permaneceu até o ano seguinte. Tempos depois, o missionário Joel Carlson, que estava no Recife, realizou algumas viagens missionárias e auxiliou na evangelização do Rio Grande do

Norte. No período de 1922 a 1924, a Igreja em Natal foi pastoreada por Manoel Hygino, eloquente pregador conhecido como irmão "manequinho". O pastor Hygino foi então substituído pelo pastor Bruno Skolimowski, que em 1924 edificou o primeiro templo da AD em Natal (Araújo, 2007).

5.2.4 Implantação da Igreja no Maranhão, na Bahia, no Piauí e em Sergipe

A implantação da Igreja no Estado do Maranhão foi realizada pelo evangelista Clímaco Bueno Aza. Esse desbravador, além de ter fundado, em 1916, a Igreja em Macapá (AP), fundou a Igreja em São Luís (MA) em 1921. Na Bahia, a mensagem pentecostal foi levada pela irmã Joaquina de Souza Carvalho, em 1926. Anos depois, em 1930, chegou à capital baiana o missionário Otto Nelson. O início foi extremamente difícil. O primeiro batismo com apenas quatro irmãos foi realizado após seis meses de árduo trabalho, evangelização, orações e jejuns. Porém, as adversidades não desanimaram Otto Nelson e sua esposa, Adina: durante seis anos o casal evangelizou em Salvador e no interior da Bahia. O trabalho cresceu tanto que em 1936 a Igreja recebeu a primeira convenção da AD na Bahia. Ao término desse evento, o missionário e a família viajaram para a Suécia. Em seu lugar, assumiu a liderança o pastor Aldor Pettersson (Araújo, 2007).

No Piauí, a mensagem pentecostal chegou em 8 de junho de 1927. O evangelista Raimundo Prudente, com 24 anos incompletos, começou a divulgação e a evangelização na capital, Teresina. Raimundo Prudente era natural de Manaus (AM) e tinha aceitado Cristo naquela cidade, em 5 de outubro de 1924, então com 19 anos de idade. Logo se tornou um pregador e auxiliou diversos pastores na capital amazonense até ser enviado para desbravar o Piauí.

Tempos depois, em 1932, o sargento do Exército Alfredo Carneiro chegou a Flores (PI) e encontrou os crentes sem pastores. O sargento Carneiro deu baixa do Exército e assumiu o pastorado de Flores e Teresina com o apoio da Igreja em São Luis (MA). Em 1936, foi substituído pelo pastor José Bezerra Cavalcante (Araújo, 2007). No Sergipe, a mensagem pentecostal foi proclamada em 1927 na pregação do sargento Armínio. Anos depois, o missionário Otto Nelson, enquanto pastoreava a Igreja na Bahia, a convite dos irmãos, viajou a Sergipe. Em 18 de fevereiro de 1932, Otto Nelson oficializou a Igreja AD em Aracajú. A Igreja sergipana ficou filiada à Igreja em Salvador até 1949, quando ganhou autonomia (Araújo, 2007).

5.3 Igrejas no Sudeste

Nesta seção, explicaremos como a mensagem pentecostal chegou ao Rio de Janeiro em 1920, pela ação do pastor Gunnar Vingren. Na ocasião, a mensagem foi pregada em um orfanato e, por isso, o local ficou conhecida como *Igreja do Orfanato*.

Na sequência, recebeu a fé pentecostal a cidade de Vitória, no Espírito Santo, pela evangelização de Galdino Sobrinho e sua esposa. Em 1924, Daniel Berg e Sara chegaram à cidade de Santos, primeiro lugar no Estado de São Paulo a receber a mensagem pentecostal. Com base no testemunho da obra em Vitória (ES), a mensagem foi levada pelos fiéis ao Estado de Minas Gerais.

5.3.1 Implantação da Igreja no Espírito Santo

Segundo Berg (1995, p. 243), "os primeiros arautos pentecostais que chegaram à cidade de Vitória foram Galdino Sobrinho e sua esposa, no ano de 1922". Esse casal, durante dois anos, evangelizou e propagou a mensagem sem o apoio de Igreja alguma. No início de 1924, deslocou-se até Vitória o missionário Daniel Berg com o propósito de implantar oficialmente a Igreja AD na capital capixaba, porém, "ao fim de alguns meses Daniel Berg deixou a cidade, sem que o trabalho fosse estabelecido" (Berg, 1995, p. 243). Anos mais tarde, por volta de 1927 ou 1928, chegaram a Vitória sete crentes procedentes da AD em Aracaju. De imediato, esses irmãos se uniram a Galdino Sobrinho e sua esposa e se esforçaram no trabalho de evangelização. O crescimento do trabalho foi tão expressivo que se fez necessário pedir ajuda à Igreja de Sergipe.

Atendendo ao pedido dos irmãos em Vitória, no dia 9 de maio de 1930, desembarcou na cidade de Vitória, enviado pela Igreja de Sergipe, o pastor João Pedro da Silva. Logo que chegou, o pastor Pedro tratou de alugar um salão, que logo precisou ser substituído por outro maior. Segundo Berg (1995, p. 244), menos de 60 dias depois de sua chegada, o pastor Pedro realizou dois batismos: "O primeiro batismo nas águas efetuado em Vitória, pelo pastor João Pedro, foi no dia 8 de junho de 1930. Havia passado um mês, e o segundo, ocorreu no dia 6 de julho de 1930".

Ainda de acordo com Berg (1995), após quatro anos de incansável e profícuo trabalho, no dia 27 de maio de 1934, o pastor João Pedro foi recolhido para a eternidade. O trabalho estava estabilizado e a Igreja contava com 1.110 membros. No ano seguinte, em 16 de junho de 1935, assumiu a liderança da Igreja em Vitória o pastor Joaquim Moreira da Costa.

5.3.2 Implantação da Igreja no Rio de Janeiro

O missionário Gunnar Vingren visitou o Rio de Janeiro pela primeira vez em 7 de julho de 1920. Anteriormente, o sueco tivera contato por carta com um irmão chamado Jaime Roberto, que dirigia um Orfanato em São Cristóvão. No dia 11 de julho daquele ano, o missionário dirigiu o primeiro culto e 16 pessoas se converteram. Nessa primeira visita, Vingren permaneceu apenas dez dias na então capital da República. Dali partiu para Santos (SP) e, depois, para o Estado de Santa Catarina (Vingren, 2000).

Os primeiros cultos foram realizados em São Cristóvão, na Igreja de Deus, localizada na Rua São Luiz Gonzaga. Segundo Cabral (1998, p. 64), os cultos tinham a "cooperação de irmãos que dirigiam um trabalho beneficente com crianças, entre eles Jaime Roberto, o responsável, ficando assim conhecida como Igreja do Orfanato". Nessa igreja, em 1923, os primeiros crentes vindos do Pará passaram a congregar. Esses irmãos também começaram a se reunir e a realizar cultos pentecostais na residência do irmão Eduardo Souza Brito. Dentre esses irmãos que tinham vindo do Pará, estavam Adriano Nobre e Heráclito de Menezes. O irmão Menezes organizou uma escola dominical, que funcionaria no período vespertino, e cultos de oração nos sábados à noite. Nesses cultos, na residência do irmão Brito, a primeira pessoa a receber o batismo com o Espírito Santo foi a irmã Antonieta de Faria Miranda (Araújo, 2007). No decorrer de 1923, o jovem Paulo Leivas Macalão, ao caminhar pela Rua São Luiz Gonzaga, deparou-se com um folheto amassado e jogado ao chão. Tocado pela mensagem contida no folheto, Paulo Macalão se converteu. Tempos depois, ele e o irmão Heráclito de Menezes escreveram uma carta para Vingren pedindo apoio para a Igreja em São Cristóvão.

Depois de recebimento dessa carta, o missionário Vingren voltou ao Rio de Janeiro, em 21 de novembro de 1923. Ficou hospedado na casa do irmão José Vicente e fazia refeições na casa de uma irmã viúva chamada Rosa (Vingren, 2000). Foram realizados diversos cultos na casa do irmão Brito e também na casa da irmã Rosa. Um trabalho foi aberto também na cidade de Niterói. Por fim, no dia 14 de dezembro, Vingren retornou ao Pará e deixou o irmão Heráclito de Menezes à frente da obra. No ano seguinte, em 3 de junho de 1924, o missionário Gunnar Vingren e família desembarcaram, agora em definitivo, para assumir a liderança da Igreja na capital da República. Em Belém do Pará, assumiu a liderança o missionário Samuel Nyström (Vingren, 2000).

Ao chegar com toda a família ao Rio de Janeiro, o missionário Vingren ficou hospedado na casa do irmão Brito. No período em que ficara a frente da obra, o irmão Heráclito de Menezes tinha constituído João Nascimento como diácono e Paulo Macalão como secretário. Tinha também pesquisado o valor do aluguel de um salão na Rua Escobar, 57, para ali estabelecer a sede da Igreja. Quando Vingren chegou, a locação foi efetivada. O salão comportava cerca de 50 pessoas e foi aberto ao público no dia 22 de junho de 1924. A ata daquele culto registra oficialmente a fundação das ADs no Rio de Janeiro. No domingo seguinte, 29 de junho de 1924, Vingren realizou na Praia do Caju o primeiro batismo na cidade carioca. Ao total foram batizados dez irmãos (Vingren, 2000).

Mais tarde, também se dirigiram ao Rio de Janeiro Clímaco Bueno Aza e o missionário Samuel Nyström, a fim de ajudar no trabalho de evangelização. Um salão maior precisou ser alugado. O novo salão comportava 400 pessoas e estava localizado na Rua Figueira de Melo, 363, e em 1926 já estava lotado. Nesse mesmo ano, foi realizada, na Igreja do Rio de Janeiro, a Primeira Conferência Pentecostal no Brasil. O evento aconteceu de 17 a 25 de julho de 1926. Todos os missionários que trabalhavam no Brasil participaram da conferência: "Estiveram presentes Gustavo Nordlund, do Rio Grande do Sul; Gunnar Vingren, do Rio de Janeiro; Otto Nelson, de Alagoas; Joel Carlson, de Pernambuco; Nels J. Nelson e Samuel

Nyström, do Pará; Gunnar Svensson, da Argentina, e também o pastor A. P. Franklin, que veio diretamente da Suécia" (Vingren, 2000, p. 145). O resultado dessa conferência foi a salvação de 60 pessoas e grande visibilidade para a AD no Brasil. A partir de então o trabalho passou a se multiplicar. Em 1932, quando Vingren, muito doente, retornou para a Suécia, Samuel Nyström substituiu o pioneiro na liderança da Igreja carioca.

Na Suécia, o missionário Vingren celebrou seu último culto de vigília em 31 de dezembro de 1932. Segundo Araújo (2007), no ano seguinte, em junho de 1933, Vingren e a família foram para Tallang, uma colônia de descanso onde o missionário passou os últimos dias. O pioneiro das Assembleias de Deus no Brasil veio a falecer no dia 29 de junho daquele ano. Eram 14h45 quando o desbravador sucumbiu vítima de um câncer no estômago que o havia debilitado desde 1930. Sua esposa, a irmã Frida, testemunhou o que se segue:

> no dia 27, entre cinco e seis da manhã, ele recebeu a chamada para o Céu. Então, com os braços levantados, exclamou: "Jesus, como tu és maravilhoso". "Aleluia! Aleluia!" [...] Na quinta feira, pela manhã, estava muito fraco e quase não falava. A única coisa que disse foi: "Está cantando o meu coração!". E, "aos quinze minutos para as três da tarde, partiu para a eternidade sem a menor angústia". (Araújo, 2007, p. 902)

Em sua terra natal e sem nenhuma pompa, o pioneiro das ADs no Brasil partiu para a eternidade. Faltava pouco mais de um mês para o pastor Gunnar Vingren completar 54 anos de idade. Desgastara sua vida e saúde frágil em solo brasileiro. Tinha pelejado como bom soldado de Cristo e guardara a fé. Partiu com a certeza do dever cumprido.

5.3.3 Implantação da Igreja em São Paulo e Minas Gerais

De acordo com Berg (1995), a cidade de Santos foi o primeiro lugar no Estado de São Paulo a receber a mensagem pentecostal. Berg e a esposa chegaram ali em maio de 1924. A primeira pessoa que o casal encontrou na cidade foi um irmão da Igreja Batista que os hostilizou. Esse irmão e muitos outros tinham lido o panfleto, escrito em Belém do Pará, que atacava a mensagem pentecostal divulgada pelos missionários suecos. Berg os desafiou a examinarem as Escrituras. Cada qual passou, então, a ler sobre o assunto e concluíram que os pentecostalistas estavam certos. A partir desse momento, os primeiros cultos pentecostais passaram a ser realizados ao ar livre na Avenida Rei Alberto (Berg, 1995). Isso só fez aumentar a hostilidade de católicos e protestantes. Berg e Sara sequer conseguiam alugar uma casa para morar. No entanto, o Senhor da obra interveio e o cônsul sueco em Santos prontificou-se a garantir o aluguel. Assim, os cultos passaram a ser realizados na casa alugada do casal. A primeira a se converter a Jesus foi Amalia Barreiros, uma senhora de 65 anos de idade. Seu filho, que era católico, a expulsou de casa. Então, Daniel e Sara abrigaram a irmã em sua própria casa. Na igreja santista, Berg e Sara receberam a ajuda do missionário Sorheim, que viera da Noruega e era oficial do exército da Salvação. O norueguês atuou em Santos, a partir de agosto de 1928, substituindo Daniel Berg, que viajara com a esposa para a Suécia. Como Sorheim adoeceu e ficou impossibilitado de dirigir os cultos, o casal de irmãos Simon Lundgren e Linnea se dispuseram a ajudá-lo no trabalho (Berg, 1995).

Antes de viajar para a Suécia, Berg e Sara mudaram para São Paulo a fim de levar a mensagem pentecostal aos paulistanos. Chegaram à capital no dia 15 de novembro de 1927. O primeiro culto foi realizado na casa da irmã Nanina, na avenida Celso Garcia. No dia 4 de março de 1928, Berg realizou o primeiro batismo. O pastor e a família foram morar próximo ao local de cultos, na Rua Celso Garcia, mas, porque a irmã Sara havia engravidado, mudaram-se para a Rua Tuiuti, onde David Berg nasceu, no dia 11 de março de 1929. Pouco tempo depois, foi construído um templo na Rua Vilela (Berg, 1995). O sueco permaneceu evangelizando em São Paulo até 1930, depois viajou para o seu país. Em seu lugar, assumiu a obra o missionário Samuel Nyström. Mais tarde, o irmão Nyström foi substituído pelo missionário Samuel Hedlund e pela irmã Tora, que também realizaram um grande trabalho (Berg, 1995). Dentre os renomados líderes pentecostais que ocuparam a liderança da Igreja fundada por Berg em São Paulo pode ser citado o pastor Bruno Skolimowski, que liderou a AD no bairro Belém, no período de 1939 a 1945. O pastor Cícero Canuto de Lima assumiu a presidência da AD, local carinhosamente chamada de *Belenzinho*, em 1946, na qual permaneceu durante 34 anos até ser jubilado. Em 1980, o posto foi ocupado pelo pastor José Wellington Bezerra da Costa, que permanece na liderança até os dias atuais (Araújo, 2015).

Tempos depois, quando a Igreja paulista já era pastoreada pelo irmão Cícero de Lima, após ter visitado a Suécia e ter evangelizado Portugal, de 1932 a 1936, em 11 de maio de 1949, o pioneiro Daniel Berg retornou ao Brasil. Estabeleceu residência em Santo André (SP) e continuou fazendo a obra no Brasil até 1962, quando retornou definitivamente para a Suécia. No ano seguinte, foi hospitalizado em seu país natal. No hospital, aproveitou para visitar os enfermos e distribuir literaturas, contrariando as ordens médicas. Finalmente, em 27 de maio de 1963, aos 79 anos de idade, o missionário faleceu. Sua querida esposa, Sara, viveu ainda 18 anos após a morte do marido e faleceu em 11 de abril de 1981, também na Suécia (Araújo, 2007).

Quanto à implantação da Igreja em Minas Gerais, Berg (1995) informa que o testemunho da obra pentecostal em Vitória (ES) fez chegar a mensagem às cidades do interior de Minas Gerais. No período de 1927 a 1931, o evangelista Clímaco Bueno Aza fundou oficialmente a Igreja mineira e atuou como pastor em Belo Horizonte (MG). Em 1931, Clímaco mudou para Juiz de Fora com o objetivo de implantar a Igreja naquela cidade. Foi então substituído na capital mineira pelo missionário sueco Nils Kastberg, cuja posse se deu em 2 de agosto de 1931. No ano seguinte, em 1932, Kastberg realizou a primeira Convenção Estadual das ADs no estado mineiro. Em abril de 1933, Nils Kastberg foi substituído interinamente por Anders Johansson. Ainda em 1933, assumiu a liderança o missionário sueco Algot Svensson. Em sua gestão, a AD em Belo Horizonte cresceu de forma expressiva. Vários templos foram construídos, entre eles a sede, na Rua São Paulo, 1341, no centro da cidade. Em 1959, quando se encontrava de férias na Suécia, no dia 5 de junho, o missionário Svensson faleceu. Assumiu a liderança da AD na capital mineira o vice-presidente, pastor Anselmo Silvestre da Silva (Araújo, 2007).

5.4 Igrejas no Sul e no Centro-Oeste

Nesta seção, veremos que, na Região Sul, a fé pentecostal chegou inicialmente ao Rio Grande do Sul, em 1923, depois ao Paraná, em 1928, e a Santa Catarina, em 1931. Na Região Centro-Oeste, o Evangelho chegou em 1936 à região mato-grossense e a Goiás. Tempos depois, em 1957, aconteceu o primeiro culto pentecostal no Distrito Federal.

5.4.1 Implantação da Igreja no Rio Grande do Sul

A implantação da AD na Região Sul foi realizada pelo casal de missionários Gustavo Nordlund e Hedwig Elisabeth. A família chegou a Belém do Pará, vinda da Suécia, no dia 2 de fevereiro de 1923, acompanhada de seu filho menor Herbert Nordlund. Um ano depois, foram para o Rio Grande do Sul. Chegaram a Porto Alegre no dia 3 de fevereiro de 1924. O primeiro culto realizado na cidade aconteceu em 15 de abril daquele ano. Além da família, estava presente João Correia da Rosa, um ancião de 70 anos. Ao término da mensagem, o idoso aceitou o Evangelho e se converteu. A Igreja foi oficializada em 19 de outubro de 1924, em uma casa alugada, na Travessa Azevedo. Essa casa, posteriormente, foi comprada e transformada no primeiro templo da AD em Porto Alegre. A inauguração aconteceu no dia 20 de dezembro de 1925 com o batismo nas águas de cinco novos crentes (Araújo, 2007).

Em março de 1927, o missionário Nordlund viajou para a Suécia e foi substituído durante sete meses pelo pastor Nels Julius Nelson. Ao retornar, Nordlund reassumiu o pastorado. Em 20 de outubro de 1929, em virtude do crescimento da obra, foi inaugurado um salão maior na Rua Cristóvão Colombo, 580. O missionário Nordlund desbravou e fundou as ADs em diversas localidades no estado: em 1º de dezembro 1929, em Arroio do Só; em 30 de outubro de 1931, em Caxias do Sul; em 21 de fevereiro de 1932, em Santa Maria; em 1933, abriu cinco novas congregações em Porto Alegre. Em 1951, a Igreja de Porto Alegre, em razão de sua importância e desenvolvimento, recebeu a Convenção Geral das ADs, presidida pelo missionário Nordlund, que, em 1955, foi substituído pelo missionário Nils Taranger. Gustavo Nordlund morreu na Suécia, em 14 de setembro de 1973, aos 85 anos (Araújo, 2007).

Nils Taranger permaneceu na liderança da Igreja gaúcha até o ano de 1988. O pastor, a esposa, Mary Margot, e a família chegaram ao Rio Grande do Sul, vindos da Suécia, em 8 de novembro de 1946. Taranger havia pastoreado várias Igrejas suecas por um período de 14 anos. Veio ao Brasil a convite do missionário Nordlund. Estabeleceu-se primeiramente na cidade de Bagé e, em 1955, assumiu o pastorado da Igreja em Porto Alegre. Taranger liderou a AD no estado gaúcho durante mais de 40 anos. Entre diversos trabalhos que realizou, destacam-se a criação do Lar Esperança e do Instituto Bíblico Esperança (IBE). Em outubro de 1998, aos 82 anos, o missionário foi jubilado e passou a liderança da Igreja ao pastor brasileiro João Ferreira Filho. Mais tarde, no ano em que completaria 87 anos, em 5 de janeiro de 2003, na capital gaúcha, o missionário Nils Taranger partiu para o descanso eterno (Araújo, 2007).

5.4.2 Implantação da Igreja no Paraná e em Santa Catarina

A mensagem pentecostal chegou ao Paraná em 1928. O portador foi o pastor Bruno Skolimowski, polonês nascido em 2 de novembro de 1884. Em 1905, mudou-se da Polônia para a Alemanha. Em 1909 chegou ao Pará em busca de trabalho como marceneiro. No Brasil, casou-se com Maria Barbosa. Em 1919, ele e a esposa converteram-se na AD em Belém do Pará. Em 1923, foi enviado para Fortaleza (CE) para substituir Antonio Rego Barros. Em 1924, substituiu Manoel Hygino em Natal (RN). De 1925 a meados de 1928, trabalhou e evangelizou no Estado do Rio de Janeiro, especialmente na região serrana fluminense (Araújo, 2007).

Em 19 de outubro de 1928, chegou à cidade de Curitiba, atendendo a uma revelação divina. Não encontrou na cidade nenhum crente pentecostal, mas descobriu ali uma grande colônia polonesa.

Em fins de março de 1929, o pastor Skolimowski e sua família passaram a residir na cidade e deram início aos trabalhos de evangelização. Os primeiros cultos foram realizados em sua residência na Rua Silva Jardim e, posteriormente, na Rua Visconde do Rio Branco. Skolimowski era poliglota, falava alemão, italiano, ucraniano e português. Durante um ano pregou na língua dos descendentes dessas nações e somente em outubro de 1929, ao registrar oficialmente a AD do Paraná, iniciou também os cultos em língua portuguesa. Naquele mesmo ano realizou o primeiro batismo na cidade, agraciando seis novos irmãos (Araújo, 2007).

Em 1936, o pastor Skolimowski realizou a primeira Convenção das ADs no Paraná. Em 1939 passou a liderança do trabalho ao pastor Clímaco Bueno Aza. A Igreja em Curitiba contava com mais de 200 membros. De 1939 a 1945, atendendo a um convite, o pastor Skolimowski pastoreou a Igreja do bairro Belém, em São Paulo. Depois, presidiu a Igreja em Santos (SP). Em 1955, reassumiu o pastorado de Curitiba para, outra vez, em 1957, retornar à cidade de Santos. Na cidade santista, faleceu em 20 de dezembro de 1961, pouco tempo depois de ter celebrado suas bodas de ouro, aos 77 anos de idade (Araújo, 2007).

A história da Igreja AD em Santa Catarina começou em 15 de março de 1931. O portador da mensagem pentecostal foi o pastor André Bernardino da Silva. Ele era natural de Itajaí (SC) e aceitou a Jesus em situação de grave enfermidade. Nascido em 20 de janeiro de 1904, André foi educado para ser padre. Desde os 8 anos de idade estudava como interno no Colégio Marista de Rodeio (SC). Aos 15 anos mudou-se com a família para o Rio de Janeiro, onde continuou seus estudos no Colégio Marista de Niterói. Aos 20 anos desistiu da batina, tornou-se ator e, para desgosto dos pais, passou a fazer espetáculos e a atuar no cinema. Em 1930, aos 26 anos, contraiu tuberculose e foi abandonado pela família em um porão de um navio-albergue no cais do porto do Rio de Janeiro. O missionário Vingren, enquanto pastoreava a AD no Rio, o visitou acompanhado por Frida, Berg e Macalão. Ao orarem em favor de André Bernardino, Deus operou um milagre instantâneo. O jovem converteu-se e, após receber treinamento bíblico, retornou a Itajaí como evangelista (Araújo, 2007).

Ao chegar à cidade, em 15 de março de 1931, realizou um culto na casa de uma de suas tias. Nessa ocasião, duas almas se renderam a Cristo: Herculano e Cornélio. Na noite seguinte, foi realizado culto na casa de João Santana, onde outras nove pessoas aceitaram o Evangelho. João Santana, agora convertido, ofereceu parte de seu lote para construir a Igreja. Desse modo, foi realizado um mutirão e uma rua foi aberta para dividir o lote onde seria construído o templo. Essa rua passou a se chamar *Rua Pentecostal*. Em 1931, quando Gunnar Vingren e Samuel Hedlund chegaram à cidade, Itajaí já estava evangelizada. Em janeiro de 1932, em outra visita à cidade, o missionário Vingren consagrou André Bernardino ao pastorado. Após consagrado, Bernardino casou-se com Dzidra, com quem teve seis filhos. Durante 12 anos, o pastor André evangelizou Santa Catarina. Nesse período, foram abertas Igrejas em Joinville, São Francisco do Sul, Blumenau, Bananal, Penha, Laguna, Tubarão, Florianópolis, Jaraguá do Sul, entre outras cidades. Em 1943, o pastor Bernardino retornou definitivamente ao Rio de Janeiro. Faleceu em Macaé (RJ), em 8 de agosto de 1992, aos 88 anos (Araújo, 2007).

5.4.3 Implantação da Igreja no Mato Grosso

Conforme Araújo (2007), em 1936, o evangelista Eduardo Pablo Joerck realizou seu trabalho de colportagem e pregação do Evangelho na região mato-grossense. Após esse trabalho, a Igreja AD na cidade de Cuiabá foi oficializada, em 7 de maio de 1944, na

Rua Comandante Costa, 48. O pastor Juvenal Roque de Andrade foi o primeiro presidente da Igreja. Registros históricos apontam que, em 28 de outubro de 1947, chegou à capital Cuiabá o pastor Oscar Castello, que se tornou líder da Igreja até 1953. A partir dessa data, o pioneiro Eduardo Pablo Joerck se manteve no pastorado durante 21 anos, e, em 12 de dezembro de 1974, entregou a direção da igreja ao pastor Sebastião Rodrigues de Souza. Na época, o pastor Sebastião recebeu sete igrejas espalhadas em Cuiabá e Várzea Grande. Após 30 anos de profícuo trabalho, as duas cidades somavam 243 igrejas e ultrapassavam a casa dos 50 mil membros. No estado já havia 2 mil igrejas e cerca de 150 mil membros. Um dos grandes feitos da gestão do pastor Sebastião foi a construção do Centro de Evangelismo das Assembleias de Deus, denominado *Grande Templo*. A obra foi inaugurada em 7 de julho de 1996 e tem capacidade para 22,5 mil pessoas sentadas. O Grande Templo é o maior marco das ADs no estado mato-grossense (Araújo, 2007).

A Igreja em Campo Grande, capital do Mato Grosso do Sul, deu início aos trabalhos em 22 de outubro de 1944. Na ata de fundação consta o nome do pastor Juvenal Roque de Andrade como seu primeiro presidente (ele também fora o primeiro presidente da AD em Cuiabá). Os dados registram ainda a atuação do pastor Oscar Castello, que chegou a Campo Grande em abril de 1946 e substituiu o pastor Juvenal. Nessa época, a Igreja tinha enormes dificuldades financeiras e contava com apenas três famílias no rol de membresia. Após 18 meses de trabalho, o pastor Castello deixou a AD de Campo Grande com 153 membros e transferiu-se para Cuiabá. Esse começo simplório e esse árduo trabalho renderam resultados surpreendentes. No ano 2000, a AD de Campo Grande contava com 120 templos e aproximadamente 14 mil membros. Desde 6 de junho de 1991 a Igreja é liderada pelo pastor Antonio Dionízio da Silva (Araújo, 2007).

5.4.4 Implantação da Igreja em Goiás e no Distrito Federal

O fundador das ADs em Goiás, penúltimo estado a receber a mensagem pentecostal, foi o pastor Antonio do Carmo Moreira. Nascido em 9 de julho de 1894 e natural de Campos (RJ), o pastor Moreira converteu-se em 1931, na AD São Cristóvão. Em 1936, enquanto congregava em Madureira, um grupo de irmãos da AD daquela localidade mudou-se para Goiânia a fim de trabalhar na construção civil. Para atender esses irmãos e abrir o trabalho em Goiás, o pastor Paulo Leivas Macalão enviou para a capital goiana o então diácono Moreira. Ali, o primeiro culto foi realizado em dezembro de 1936, na casa do irmão Benedito Timóteo, situada no bairro de Botafogo. No ano seguinte, em janeiro de 1937, foi realizado o primeiro batismo em águas do local, tendo sido presenciado por cerca de 30 pessoas. Em virtude do crescimento da obra, fez-se necessária a locação de um lugar para os cultos. O salão alugado para esse fim estava localizado na Rua 77, n. 2, em um bairro popular de Goiânia. Da capital a mensagem chegou a Anápolis e expandiu-se para o interior do estado. O diácono Moreira foi consagrado pastor em 21 de abril de 1939, na AD de Madureira do Centro-Oeste. Moreira se manteve no pastorado da Igreja até 1940. Após pastorear Anápolis e Brasília, reassumiu a obra em Goiânia em 1950, permanecendo no pastorado até 1957. Nessa época, o campo já abrangia cerca de 70 igrejas. Em 1958, o pastor Moreira foi jubilado. Faleceu em 1968, aos 74 anos (Araújo, 2007).

O pioneiro das Assembleias de Deus no Distrito Federal, última região a receber a mensagem pentecostal, foi o pastor Antônio Alves Carneiro. Nascido em 25 de maio de 1924, natural de Estrela do Sul (MG), o pastor Carneiro converteu-se aos 23 anos de idade por intermédio de um primo que tinha sido evangelizado em Goiás. Em 1950, foi consagrado evangelista e, depois, a pastor. Reabriu, ainda em Goiás, os trabalhos da Igreja em Catalão, pastoreou a igreja em Ipameri e fundou o trabalho em Pires do Rio. Em 19 de dezembro de 1956, acompanhou o pastor Inácio de Freitas, do Ministério de Madureira de Goiás, em visita às obras de construção do Distrito Federal. Naquela visita, os pastores formaram um círculo num local chamado *Cidade Livre* (atual Núcleo Bandeirante) e pela primeira vez leram a Bíblia e oraram pela construção da capital ainda na fase inicial (Araújo, 2007).

Depois dessa visita, o pastor Carneiro mudou-se com a família para a Cidade Livre. Na tarde de 27 de janeiro de 1957, dirigiu o primeiro culto pentecostal ao ar livre sob o forte sol da cidade de Brasília. Ulteriormente, montou uma barraca de lona que lhe servia de moradia e, ao entardecer, como ponto de reunião de cultos. Alguns meses depois, o irmão José Pedro dos Santos cedeu sua casa para a realização dos cultos. No dia 27 de março de 1957, foi celebrada a primeira Ceia do Senhor. Ainda naquele ano, a igreja recebeu da Novacap, empresa construtora da nova capital do país, a doação de um terreno. Assim, no dia 15 de junho de 1957, foi oficialmente inaugurado o primeiro templo da AD em Brasília. O templo estava localizado na Avenida Terceira, 385, Cidade Livre. A Igreja contava com apenas 15 membros. Em 17 de agosto daquele ano, o pastor Carneiro foi transferido para Anápolis, onde pastoreou até a década de 1990, data em que foi jubilado. Faleceu em 5 de agosto de 2006, aos 82 anos (Araújo, 2007).

Síntese

O pentecostalismo assembleiano foi propagado com afinco e dedicação e ainda é pregado por milhares de pessoas em solo brasileiro. A mensagem pentecostal começou a ser proclamada na Região Norte, e na sequência chegou ao Nordeste e ao Sudeste, e, por fim, ao Sul e ao Centro-Oeste.

Desde a fundação das Assembleias de Deus pelos missionários suecos em Belém do Pará, leigos, novos convertidos e vocacionados em geral se desdobraram em divulgar a doutrina pentecostal. O êxito foi retumbante, pois o pentecostalismo alcançou todos os rincões brasileiros.

Atividades de autoavaliação

1. Indique se as seguintes afirmações sobre a criação da Assembleia de Deus em Brasília são verdadeiras (V) ou falsas (F):
   - ( ) O Distrito Federal foi a última região do país a receber a mensagem pentecostal.
   - ( ) O fundador da Igreja Assembleia de Deus em Brasília foi o pastor Antonio do Carmo Moreira.
   - ( ) Em 1957, ocorreu o primeiro culto pentecostal ao ar livre sob o forte sol da cidade de Brasília.
   - ( ) Em 1957 a Igreja Assembleia de Deus em Brasília recebeu da Novacap, empresa construtora da nova capital brasileira, a doação de um terreno.

2. Com relação ao desenvolvimento da Igreja Assembleia de Deus do Rio Grande do Sul, assinale a alternativa incorreta:
   a) O primeiro culto realizado nesse estado teve a presença da família do missionário Gustavo Nordlund e mais um visitante.
   b) Nordlund viajou para a Suécia e foi substituído durante sete meses pelo pastor Nels Julius Nelson.
   c) Em 1955, Nordlund foi substituído pelo missionário Nils Taranger.
   d) O primeiro pastor brasileiro a assumir a Igreja Assembleia de Deus naquela cidade foi o pastor Ubiratan Job.

3. Considere o nascimento da Assembleia de Deus em Belém e classifique as seguintes afirmações como verdadeiras (V) ou falsas (F):
   ( ) A cidade de Belém foi o berço das Assembleias de Deus no Brasil.
   ( ) O missionário Lawrence Olson foi o responsável por fundar a Igreja na capital paraense.
   ( ) A Assembleia de Deus em Belém foi fundada após a cisão da Igreja Batista da cidade.
   ( ) Nos primeiros quatro anos de história das ADs em Belém já havia mais de 190 pessoas batizadas nas águas.

4. Sobre a história das Assembleias de Deus no Sudeste, assinale a alternativa incorreta:
   a) A cidade de Santos foi o primeiro lugar no Estado de São Paulo a receber a mensagem pentecostal.
   b) Galdino Sobrinho e sua esposa fundaram uma igreja no Estado do Espírito Santo, na cidade de Vitória, em 1922.

c) Em 29 de junho de 1924, Vingren realizou na Praia do Caju o primeiro batismo na cidade carioca, batizando a irmã Rosa e o irmão Paulo Leivas Macalão.

d) No Estado de Minas Gerais, até os dias atuais, a Igreja em Belo Horizonte é presidida por um missionário estrangeiro.

5. Indique se as seguintes afirmações acerca da implantação da Igreja no Paraná são verdadeiras (V) ou falsas (F):

( ) A mensagem pentecostal chegou ao Estado do Paraná por volta da década de 1980.

( ) O missionário que levou a mensagem ao Paraná foi o pastor Bruno Skolimowski, de origem sueca.

( ) Quando a mensagem pentecostal chegou a Curitiba, não havia nenhum pentecostal naquela cidade.

( ) Em 1936, o pastor Skolimowski realizou a primeira Convenção das Assembleias de Deus no Paraná.

Atividades de aprendizagem

Questões para reflexão

1. Conforme vimos neste capítulo, a implantação das Assembleias de Deus no Brasil, desde seu início no Norte do país até atingir o Distrito Federal, ocorreu sem planejamento sistematizado. Será que, em tempos atuais, é necessária a computação de dados, planilhas e projetos para o crescimento de uma Igreja?

2. A história que você está conhecendo neste livro retrata que as Assembleias de Deus cresceram principalmente nos subúrbios e nos rincões mais distantes do Brasil.

Na atividade, você pensa que a pregação das boas-novas alcança as periferias? Ou será que a liderança eclesiástica atual prefere os lugares nobres para a implantação de Igrejas?

Atividade aplicada: prática

Realize uma pesquisa com três assembleianos de sua cidade. Descubra se eles conhecem a origem e a história das Assembleias de Deus no Brasil. Pergunte também se conhecem a origem das Assembleia de Deus em seu estado. Por fim, compare as respostas com o conteúdo deste capítulo.

capítulo seis

Institucionalização da Igreja

06

A primeira reunião nacional dos ministros das Assembleias de Deus (ADs) ocorreu em 1921. Chamá-la de *Convenção Geral* não é o mais apropriado, uma vez que se reuniram apenas nove pastores e Gunnar Vingren não estava presente.

A primeira convenção efetiva, sem dúvida alguma, foi motivada pela pretensão dos pastores brasileiros de ter mais autonomia em suas Igrejas. Dessa forma, eles convocaram os missionários suecos para uma reunião em setembro de 1930. A partir dali, consolidou-se a Convenção Geral das Assembleias de Deus no Brasil (CGADB), primeiramente sob a presidência do brasileiro Cícero Canuto de Lima. Durante o período de 1939 a 1943, eles decidiram atribuir aos encontros o nome *Semanas Bíblicas*, porém, após quatro edições com essa nomenclatura, os convencionais adotaram novamente a designação *Convenção Geral*.

O período entre 1962 e 1977, em que houve oito reuniões, é normalmente referido como *período de intensos debates*, pois nele houve discussões de diversos temas polêmicos que vieram a consolidar ainda mais as ADs no Brasil.

6.1 Criação da Convenção Geral

Com a evolução vertiginosa das ADs, surgiu a necessidade de se realizarem encontros periódicos entre os líderes assembleianos. O crescimento descentralizado exigia a convocação de reuniões para a manutenção da unidade doutrinária, a tomada de decisões, a discussão de soluções para os problemas que surgiam e, sobretudo, para manter a coesão e a identidade da Igreja. Como meio de atender essas necessidades, criou-se a Convenção Geral das Assembleias de Deus (CGADB).

6.1.1 Primeira reunião de líderes

A primeira reunião geral das ADs com o propósito de estabelecer metas, manter a unidade e a comunhão fraternal aconteceu de 18 a 22 de agosto de 1921, na cidade de Igarapé-Açu, no Pará. Na época, a AD da cidade estava localizada na Vila São Luiz da cidade. O trabalho fora inaugurado em 1915 e a vila era ponto de ligação entre a Igreja em Belém e as Igrejas que estavam sendo implantadas ao redor da antiga Estrada de Ferro Belém-Bragança.

O encontro reuniu, ao todo, nove líderes e aconteceu na casa do pastor João Pereira de Queiroz, líder e pioneiro da Igreja na Vila São Luiz.

Silas Daniel (2004, p. 19) revela que nesse encontro histórico se reuniram "o missionário Samuel Nyström, que dirigiu a reunião, e os pastores Isidoro Filho, primeiro a ser consagrado pastor pelos missionários; Luiz Higino de Souza Filho, Almeida Sobrinho, João Pereira Queiroz, José Felinto, Manoel Zuca, Manoel Cesar e Pedro Trajano". Os principais assuntos tratados foram o evangelismo, o esclarecimento de pequenas dúvidas teológicas e o andamento dos trabalhos.

6.1.2 Principal pauta da primeira Convenção Geral

Dos dias 17 a 18 de fevereiro de 1929, os obreiros nacionais das regiões Norte e Nordeste reuniram-se em Natal (RN). Os pastores brasileiros marcaram essa reunião com o objetivo de expor aos missionários o desejo de exercer autonomia administrativa e eclesiástica nas Igrejas locais. Isso porque uma parcela considerável dessas igrejas era liderada por pastores brasileiros, mas todas as decisões internas tinham de passar pelo aval dos missionários suecos. Nesse período, as ADs contavam 18 anos de fundação e já estavam implantadas em todas as regiões do Brasil (Alencar, 2010a).

A reunião geral foi realizada na cidade de Natal (RN) dos dias 5 a 10 de setembro de 1930. Silas Daniel (2004) informa que participaram da convenção 27 líderes de todas as regiões do país. Estiveram presentes todos os missionários estrangeiros que estavam no Brasil, inclusive a missionária Frida Vingren. Do total desses líderes, 16 eram brasileiros, a saber: Cícero Canuto de Lima, Francisco Gonzaga da Silva, Juvenal Roque de Andrade, Manoel Higino de Souza, José Felinto, Antônio Lopes Galvão, Ursulino Costa, José Armador, Napoleão de Oliveira Lima, Amaro Celestino, José Barbosa, Josino Galvão, Manoel César, Manoel Leão, Diomedes

Pereira e Francisco Cezar. Recaem dúvidas sobre a presença de Natanael Figueiredo e Pedro Costa, que participaram da reunião preliminar.

Até a realização dessa Convenção, em 1930, a liderança e a supervisão das Igrejas eram responsabilidade dos missionários suecos, que se reuniam para deliberar e depois informavam os pastores brasileiros sobre suas decisões. Por isso, apesar de boa parte das Igrejas do Norte e Nordeste serem dirigidas por pastores brasileiros, nenhum trabalho tinha autonomia.

O líder natural dos missionários era o pastor Gunnar Vingren, que desde 1924 liderava a AD no Rio de Janeiro, então capital do Brasil. Na sua ausência, Samuel Nyström, que estava em Belém do Pará, era quem exercia a liderança nacional. Diante da importância do assunto, Vingren viajou à Suécia para convidar Lewi Pethrus para a reunião:

> *No verão de 1930, o missionário Gunnar Vingren chegou do Brasil. Sua missão era me levar à Convenção Nacional que se realizaria em setembro. Havia dificuldades entre os missionários e os pastores brasileiros, e Vingren considerou que se não houvesse um entendimento, todo o trabalho seria dividido [...] Durante aqueles 20 anos, o trabalho havia crescido bastante e um grupo de pregadores brasileiros considerou que tinha pouca influência sobre as igrejas. Havia fortes rompimentos políticos no país e o nacionalismo tinha contribuído para criar certa aversão a estrangeiros. Esses pregadores brasileiros tinham organizado a conferência e convidado os missionários, como também um representante da missão no país natal.* (Pethrus, citado por Araújo, 2007, p. 208-209)

Vingren entendia que a experiência de Pethrus poderia ajudar muito na incipiente Igreja Assembleia de Deus; principalmente diante do momento delicado que os missionários suecos passavam no Brasil, perante os pastores nacionais. Portanto, o missionário pioneiro considerou que era mais viável trazer Pethrus do que correr o risco de alimentar o progresso de um cisma assembleiano.

6.1.3 Resoluções da primeira Convenção Geral

Uma das maiores resoluções dessa convenção foi a transferência do trabalho nas regiões Norte e Nordeste para as mãos de pastores brasileiros. Eram aproximadamente 15 igrejas, com cerca de mil membros. A proposta foi avalizada pelo pastor Pethrus, que considerou, com a concordância dos missionários, que todos os templos e locais de culto deveriam ser entregues sem qualquer custo aos brasileiros. Ficou ainda determinado que a transição fosse efetivada até o dia 1º de julho de 1931 (Daniel, 2004). Outra importante resolução da convenção referia-se ao ministério feminino na Igreja:

> *As irmãs têm todo o direito de participar na obra evangélica, testificando de Jesus e a sua salvação, e também apresentando instrução se assim for necessário. Mas não se considera justo que uma irmã tenha a função de pastor de uma igreja ou ensinadora da mesma, salvo em casos de exceção mencionados em Mateus 12.3-8. Assim deve ser, especialmente quando não existem na igreja irmãos capacitados para pastorear ou ensinar.* (Alencar, 2013, p. 124)

Quanto a essa resolução, cabe salientarmos que o livro de Atos dos Apóstolos não garante a primazia da ação do Espírito Santo aos homens ou às mulheres, pois, segundo o relato de Atos, ambos "receberam o Espírito Santo no mesmo dia, local e da mesma forma" (Alencar, 2013, p. 115). Todavia, no movimento pentecostal contemporâneo, tanto nos Estados Unidos da América como no Brasil, as primeiras pessoas a receberem o batismo com Espírito Santo foram mulheres, a saber: Agness N. Ozman Laberce e Cecília Martins Albuquerque, respectivamente. Assim, mesmo que a resolução assembleiana fosse contrária ao ministério pastoral das mulheres, a contribuição feminina foi decisiva, coadjuvante e eficiente. Elas não possuem o título de pastoras, mas desempenham diversos ofícios eclesiásticos, são líderes de senhoras, adolescentes, crianças, jovens, escolas dominicais, círculos de oração, ações sociais, missões, finanças e outras áreas sensíveis da Igreja. Desse modo, o trabalho das mulheres foi essencial na modernização e no crescimento das ADs no Brasil.

Nessa convenção também aconteceu a fusão dos jornais *Boa Semente*, editado em Belém, e *Som Alegre*, editado no Rio de Janeiro. A unificação desses dois veículos deu origem ao *Mensageiro da Paz*, órgão oficial da denominação até os dias atuais. Outro fato a ser registrado é a eleição do primeiro presidente da convenção, o pastor Cícero Canuto de Lima, que, à época, tinha 37 anos e liderava a AD em João Pessoa (PB).

6.1.4 Oficialização da Convenção Geral

Como referido na introdução deste capítulo, na Convenção Geral de 1938, em Recife (PE), houve mudança do nome de *Convenção Geral* para *Semana Bíblica*. A proposta visava ao maior aproveitamento do tempo para estudos bíblicos durante os encontros convencionais. Assim, as reuniões nacionais de 1939, 1940, 1941 e 1943 adotaram o modelo de reuniões de estudo bíblico. As decisões administrativas foram delegadas aos estados e regiões. Todavia, a nova nomenclatura não aboliu as questões administrativas das reuniões convencionais. Também, em todas as Semanas Bíblicas, os relatórios referiam-se ao encontro como *Convenção* ou *Convenção Geral*. Assim, como veremos adiante, após um período com esse modelo, decidiu-se definitivamente pela antiga denominação.

Finalmente, na reunião nacional em Recife, realizada no mês de outubro de 1946, os pastores das ADs deliberaram sobre o registro formal da Convenção Geral das Assembleias de Deus no Brasil (CGADB). Os pastores responsáveis pela elaboração do primeiro Estatuto Social da CGADB foram: Samuel Nyström, Cícero Canuto de Lima, Paulo Leivas Macalão, José Menezes, Nels Julius Nelson, Francisco Pereira do Nascimento, José Teixeira Rego, Orlando Boyer e Bruno Skolimowski. Com o devido registro do estatuto em cartório, a CGADB passou a ter personalidade jurídica própria.

6.2 Semanas Bíblicas

Semanas Bíblicas foram encontros realizados com o propósito de estudar a Bíblia Sagrada. Essas reuniões duravam cerca de sete dias. Além dos estudos bíblicos, reservava-se certo tempo para a solução de questões de ordem administrativa. As reuniões eram concorridas. Pastores e obreiros deslocavam-se de seus estados e convergiam para o local designado a fim de participarem desse evento. Eram momentos inesquecíveis na vida e no ministério de cada participante. Era comum o líder ser impactado com as mensagens e retornar renovado para as atividades da Igreja sob sua responsabilidade.

6.2.1 Primeira Semana Bíblica (1939)

A primeira Semana Bíblica aconteceu em São Cristóvão (RJ) no período de 26 de novembro a 3 de dezembro de 1939. O líder da igreja hospedeira era o pastor Samuel Nyström. O *Mensageiro da Paz* da segunda quinzena de dezembro 1939 trouxe relatório do irmão Emílio Conde acerca dessa primeira Semana Bíblica:

Essas reuniões foram grandes em todos os sentidos. Grandes pela concorrência de obreiros, grandes pelos assuntos, grandes pela espiritualidade, grandes pelo espírito de confraternização, grandes pela orientação dada ao Movimento que pertencemos. As nossas reuniões convencionais têm a vantagem de aproximar os obreiros, de desfazer os mal-entendidos que o diabo semeia, e de abrir novos horizontes, novas visões ao trabalho. Os que não estiveram presentes não podem avaliar quanta coisa útil, prática e necessária para os trabalhadores do Evangelho apareceram nessas reuniões. (Mensageiro da Paz, 1939)

A Semana Bíblica foi precedida da Escola Bíblica – espécie de curso bíblico com temas previamente definidos. O preletor principal foi o missionário Samuel Nyström, que também presidiu a mesa dos trabalhos. Destaca-se também a participação dos pastores Cícero Canuto de Lima, Paulo Leivas Macalão, José Bezerra da Silva, João de Oliveira e o missionário Joel Carlson. A semana foi quase inteiramente dedicada ao estudo das Sagradas Escrituras. Nyström, nessa época, era considerado o maior erudito e ensinador das ADs no Brasil. João de Oliveira, em seu relatório, corrobora essa assertiva:

Os estudos bíblicos foram dirigidos pelo nosso irmão Samuel Nyström que, apesar das grandes ocupações do momento, mesmo assim muito se esforçou em apresentar a Palavra com muita sabedoria. Os estudos foram profundos e bem baseados na Escritura Sagrada. Estudamos acerca das dispensações no Velho e no Novo Pacto. É-me impossível descrever o que foram esses estudos. As verdades a cada dia apresentadas giravam em torno do assunto supracitado. Na medida em que os assuntos chegavam à luz da realidade, as nossas almas enchiam-se de gozo e de novas esperanças, a fim de trabalharmos com mais dedicação na causa augusta do Mestre Jesus. Chegamos, por fim, à Semana Bíblica, e o nosso irmão Samuel Nyström fez um breve comentário sobre a finalidade da mesma. Sendo, pois, a Bíblia a única regra de nossa fé, deveríamos, na

> Semana Bíblica, estar inteiramente despidos de preconceitos ante a Palavra de Deus, a Bíblia, antes de tomar qualquer resolução. (Oliveira, citado por Daniel, 2004, p. 153)

A Semana Bíblica também reservou tempo para resoluções administrativas. As decisões relevantes incluíram a arrecadação de ofertas para a Sociedade Bíblica Britânica, que naquela época atravessava sérios problemas econômicos. Sobre esse assunto, Emílio Conde proferiu:

> Em uma das últimas reuniões, o Dr. James Innes, representante da Sociedade Bíblica Britânica, falou aos obreiros sobre o trabalho da Sociedade e deixou todos bem impressionados a respeito da obra benemérita das sociedades bíblicas, aos quais nós devemos auxiliar, mandando ofertas e orando por elas. (Conde, citado por Daniel, 2004, p. 154)

Outra decisão importante foi a decisão de elevar o preço do jornal *Mensageiro da Paz*. O preço defasado não permitia cobrir suas despesas de impressão. Outra resolução de suma importância foi socorrer o Orfanato das Assembleias de Deus para meninas. Desde 1919 instalado em Recife, o orfanato enfrentava grave crise econômica. Desse modo, uma das últimas deliberações da Semana Bíblica de 1939 foi a ajuda financeira a essa instituição acolhedora. Eis o que Daniel (2004, p. 155) diz sobre ela:

> Em vista da situação angustiosa por que está passando o nosso orfanato em Recife, a Convenção resolveu recomendar às Assembleias que levantem uma coleta no dia de Natal. Os nossos irmãos responsáveis pelo orfanato estão sofrendo as consequências da situação anormal da Europa, pois os que até agora vinham auxiliando o orfanato não mais o podem fazer como desejavam por causa das medidas de restrição impostas pelos governos europeus [...] Todas as ofertas devem ser enviadas a Joel Carlson, Caixa 13, Recife, Pernambuco.

Como podemos constatar, essa primeira Semana Bíblica foi um marco na história das ADs no Brasil. O missionário sueco Samuel Nyström foi o grande destaque, tanto pelos seus estudos bíblicos como pela sua eficaz liderança sobre os participantes.

6.2.2 Segunda Semana Bíblica (1940)

A segunda edição da Semana Bíblica transcorreu em Salvador (BA), dos dias 13 a 22 de setembro de 1940. O pastor hospedeiro era o missionário Aldor Petterson. Na ocasião, a igreja baiana aproveitou para celebrar seu décimo aniversário de fundação.

O marco dessa Semana Bíblica foram as resoluções administrativas. A primeira foi em prol da estruturação da Casa Publicadora das Assembleias de Deus (CPAD). A editora havia sido fundada no dia 13 de março de 1940, no Rio de Janeiro, por um grupo de crentes assembleianos. Uma comissão foi nomeada para elaborar o estatuto da CPAD, dando-lhe nova estrutura administrativa[1].

Outra deliberação relevante nesta segunda Semana Bíblica foi a criação de parâmetros de publicação no jornal *Mensageiro da Paz*:

> *1) O alvo do* Mensageiro *deve ser glorificar a Deus; promover a evangelização, instrução prática e doutrinária, e unificar ainda mais as Assembleias de Deus; e fazer conhecidas as atualidades espirituais da Igreja Universal.*
>
> *2) O* Mensageiro *não deverá publicar artigos de ataque de caráter pessoal, nem entrar em polêmicas com pessoas ou entidades religiosas, mas batalhar pela fé uma vez entregue aos santos.*

---

[1] Você poderá conferir os pormenores da história da criação e da estrutura dessa editora na Seção 7.2 deste livro.

3) Os artigos de caráter doutrinário devem ser selecionados de acordo com as necessidades atuais, devendo ser consultados, na medida do possível, alguns dos consultores nomeados por esta Convenção [...].

4) Respeitar o estilo original dos artigos, sendo feita somente a correção de erros gramaticais.

5) Em cada número do Mensageiro, *duas páginas no mínimo, serão reservadas para notícias do Campo, e uma página para testemunhos pessoais.*

6) Os testemunhos pessoais só serão publicados se trouxerem o visto de obreiros idôneos e conhecidos da Redação.

7) Apelos de caráter financeiro somente serão publicados trazendo o visto de, no mínimo, dois pastores conhecedores do campo, e de projeção entre as Assembleias de Deus.

8) As assinaturas individuais que estiverem com atraso equivalente a um ano não serão conservadas.

9) Os revendedores, que no prazo mais ou menos razoável e segundo as circunstâncias, não satisfazerem seus compromissos terão as remessas suspensas sempre, porém com aviso prévio enviado ao pastor ou ancião responsável pela igreja.

10) Será mantida uma seção de pequenas notícias, na proporção de meia coluna, em cada número. (Daniel, 2004, p. 162-163)

Outra decisão tomada nessa convenção em prol da CPAD foi a criação de um conselho editorial, o Conselho de Literatura. Para compô-lo, foram chamados pastores com notório conhecimento bíblico: Paulo Leivas Macalão, Samuel Nyström, Nils Kastberg e Cícero Canuto Lima (Daniel, 2004).

O *Mensageiro da Paz* da segunda quinzena de outubro de 1940 elucidava a todos a função do novo órgão: "A Convenção Geral na Bahia houve por bem nomear uma comissão de literatura a qual fica incumbida de examinar e opinar [sobre] os artigos a serem publicados pelo *Mensageiro da Paz*. Assim sendo, à dita comissão cabe decidir a publicação ou não da matéria enviada à Redação" (Daniel, 2004, p. 164). Durante a Semana Bíblica baiana foi eleita a mesa diretora da Convenção, que ficou assim definida: presidente, José Bezerra da Silva; vice-presidente, Cícero Canuto de Lima; primeiro-secretário, Gustav Nordlund; e segundo-secretário, José Moreira. Além disso, foram levantadas várias discussões acerca do ministério eclesiástico, que, após amplamente discutido, foi definido da seguinte maneira:

> *Vários assuntos surgiram para explanação, uns de caráter doutrinário e outros de orientação prática, os quais merecem o estudo e a atenção da Convenção, que esclareceu bem todos eles. Dentre esses assuntos, destacamos alguns que são de importância capital para a vida das Assembleias, como, por exemplo, a consagração de obreiros para o ministério. Todos reconheceram a delicadeza do assunto e recomendaram o máximo cuidado no exame da vida do candidato, que deve saber administrar a sua casa e vida particular, para poder ser considerado apto para o ministério. Outro assunto que interessou a todos foi a definição do ministério e das funções de cada membro do mesmo. O ministério tem sobre os ombros a responsabilidade e o cuidado da Igreja, de acordo com o que João escreveu às sete igrejas da Ásia e como está escrito em Hebreus 13.17. No que diz respeito ao ancião [presbítero], é ele considerado cooperador do pastor no cuidado para com [o] rebanho.* (Daniel, 2004, p. 162)

Os participantes também deliberaram sobre a importância da evangelização, a verdadeira motivação para evangelizar e a necessidade de alcançar a todos, além da urgente vigilância para não se fazer do trabalho cristão um meio de obter vantagens econômicas, conforme nos apresenta Daniel (2004, p. 161):

> *Para chegar a uma ação mais vasta e eficaz na obra de evangelização, é necessário ser enviado por Deus e conserva-se na sua vontade. O que for chamado para evangelizar não deve pôr o seu coração no que receberá nem considerar quanto a igreja lhe pagará, pois deve considerar que é o Senhor quem envia, e não a igreja, embora tudo seja de acordo com os irmãos. O obreiro não deve procurar as cidades, tendo em vista o conforto, mas ir aonde Deus mandar.*

Essa decisão contribuiu para o avanço das ADs no Brasil, com penetração não apenas nos grandes centros, mas também no interior, em vilarejos, na área rural, nas regiões ribeirinhas, nas fronteiras e nas mais diversas localidades de nossa nação.

6.2.3 Terceira Semana Bíblica (1941)

A terceira Semana Bílbica foi realizada em Porto Alegre, de 2 a 9 de novembro de 1941. O pastor hospedeiro foi o missionário sueco Gustav Nordlund. A reunião foi caracterizada pela presença de líderes das ADs da América do Sul, por isso o evento foi chamado de *Semana Bíblica Sul-Americana das Assembleias de Deus*. O objetivo era reunir os missionários que se encontravam nos países vizinhos, como Otto Nelson, que nessa época estava pastoreando Igrejas na Argentina (Araújo, 2007). Acerca desse encontro, o pastor Paulo Leivas Macalão (citado por Daniel, 2004, p. 172) detalha:

> *Em algumas noites, o grande templo da Assembleia de Deus em Porto Alegre não comportou a multidão que veio assistir aos cultos. Em algumas reuniões, estiveram mais de 1.300 pessoas presentes. Mais de 150 almas se entregaram a Jesus. Os cultos eram abrilhantados pela harmonia da orquestra, regido pelo nosso amado pastor Herbert Nordlund. A igreja de Porto Alegre hospedou mais de 100 obreiros, aos quais devem*

estar agradecidos à família Nordlund, à família Nunes e à igreja pelo acolhimento que tiveram.

Na manhã do dia 3 de novembro, ocorreu a primeira sessão convencional com a eleição da mesa diretora, que ficou assim constituída: Samuel Nyström, presidente; Paulo Leivas Macalão, primeiro-secretário; Alcides Francisco de Souza, segundo-secretário. Samuel Nyström, o presidente eleito, apresentou o assunto primário daquela Semana Bíblica, que era a unidade da fé. Paulo Leivas Macalão (citado por Daniel, 2004, p. 173), que fora eleito secretário, fez um minucioso relato da exposição de Nyström:

> Estudaram-se também Efésios 4.3-5,13, onde [sic] se aprendeu que não há motivos para lutas e divisões entre os cristãos, quando há um só corpo, um só Espírito, uma só esperança, um só Senhor, uma só fé, um só batismo e um só Deus. Para se guardar a unidade, é necessário cada obreiro se portar dignamente (Fp 1.27); obedecer os mais experientes e mais velhos na obra do Senhor, como lemos em 1 Pedro 5.5; se humilhar debaixo da potente mão de Deus e esperar que Deus, a seu tempo, o exalte; e não querer se engrandecer (1 Pe 5.6).

O tema foi bastante debatido naquela ocasião. O missionário radicado na Argentina, Otto Nelson, propôs" que deixassem de existir vários ministérios da Assembleia de Deus em uma única cidade [...] que achava melhor, para haver unidade, que existisse uma igreja em cada cidade, para evitar lutas. Fez ver também que uma grande igreja teria maior influência do que muitas pequenas" (Daniel, 2004, p. 173).

Conforme Daniel (2004, p. 173), o pastor Gustavo Nordlund contou que, na Suécia, "havia muitas igrejas pequenas em torno da igreja matriz e surgiram muitas dificuldades, mas que ele aconselhou o pastor a dissolver aquelas pequenas igrejas e houve, então, harmonia e paz". Em seguida, o pastor Paulo Leivas Macalão avaliou que era perigoso existir apenas uma igreja no comando das outras em cada cidade, pois assim "as igrejas estariam sob uma organização rígida" (Daniel, 2004, p. 173). Dessa forma, diante de opiniões diferentes, os convencionais, decidiram estabelecer um parâmetro para evitar conflitos e manter a unidade. Daniel (2004, p. 174) conta que a reunião foi encerrada com a seguinte resolução:

> Para se realizar em nós a oração de Jesus, de sermos um, como há unidade entre o Pai e o Filho, é necessário que cada obreiro se una com Cristo Jesus, numa união vital, tendo, assim, o mesmo sentimento de Cristo, sendo amoroso, pacífico e humilde, considerando os outros obreiros superiores a si mesmo, principalmente desejando, como Cristo desejava e deseja, a perfeita paz e unidade entre os obreiros e entre as igrejas.

Outro tema que foi pauta da Semana Bíblica Sul-Americana foi a contemporaneidade dos dons espirituais. O assunto debatido foi a necessidade da busca desses dons e, ainda, o perigo e as causas de os irmãos em Cristo perderem os dons espirituais confiados por Deus a eles. Nyström elencou os principais motivos para o servo do Senhor perder os dons espirituais: "a falta de consagração e oração de seus possuidores. Alguns perdem por entristecer o Espírito Santo, ou por temer errar no uso dos dons, e outros por abusar, indo além da medida da fé" (Daniel, 2004, p. 174). O fechamento do debate foi marcado por uma exímia orientação e exortação às Igrejas:

> Encerrando este assunto, pelo que foi exposto, ficamos cientes de que, apesar de as Assembleias de Deus possuírem quase todos os dons do Espírito Santo, em cada uma das Assembleias os dons não estão em funcionamento, conforme a Palavra de Deus: uns porque seus possuidores temem usá-los; outros porque são desconhecidos pela maioria dos crentes, e ainda porque os dirigentes não os cultivam. (Daniel, 2004, p. 175)

Por último, os convencionais discutiram a forma de escolha dos novos ministros, ficando assim definido:

Devem entrar no ministério da Palavra:

1) Aqueles que Deus chama, prepara e revela;

2) Aqueles que têm adquirido confiança na igreja;

3) Aqueles que têm as qualificações, segundo a Palavra de Deus;

4) Aqueles cuja chamada é revelada à igreja, e esta, vendo que o mesmo está preparado, confirma a chamada, separando-o para o ministério.

(Daniel, 2004, p. 180)

Essas deliberações promoveram a unidade da Igreja e coibiram possíveis desentendimentos. O rigor na escolha de novos ministros impediu que aventureiros permanecessem nos quadros de obreiros das ADs. Tais ações contribuíram para a construção de uma Igreja sadia e comprometida com a Palavra.

6.2.4 Quarta Semana Bíblica (1942)

A Semana Bíblica de 1942, que estava marcada para ocorrer na cidade de Natal (RN), foi cancelada em razão da Segunda Guerra Mundial. Samuel Nyström (citado por Daniel, 2004, p. 183) assim escreveu: "motivado pelas circunstâncias atuais impostas pela guerra, foi suspensa a Semana Bíblica, que devia realizar-se em Natal no mês de outubro".

Em 1943, a Semana Bíblica voltou à cidade do Rio de Janeiro. A AD de São Cristóvão, liderada pelo missionário Samuel Nyström, foi a igreja hospedeira. As reuniões ocorreram entre os dias 16 e 23 de maio de 1943. Como de costume, na primeira sessão plenária foi realizada a eleição da nova mesa diretora, que ficou assim constituída: o pastor Samuel Nyström foi reconduzido para o cargo de presidente pela sexta vez; Cícero Canuto de Lima, vice-presidente;

Paulo Leivas Macalão, primeiro-secretário e José Bezerra da Silva, segundo-secretário.

O tema da reunião foi sintetizado pelo presidente Nyström, com uma indagação bastante significativa: "Como chegaremos a um maior avivamento nas Assembleias de Deus?" (Daniel, 2004, p. 188). Após isso, ele aprofundou o tema do avivamento. Paulo Leivas Macalão, segundo Daniel (2004, p. 189), defendeu que,

> *para haver avivamento, é necessário haver humilhação e coração contrito. O azeite para o candeeiro devia ser puro e batido; assim, é necessário que sejam "batidos" para produzir luz. Também os pães da proposição eram feitos da flor da farinha, eram grãos de trigo bem moídos, batidos e assados, para depois serem apresentados ao Senhor. Assim, há a necessidade de no revestirmos dum espírito humilde, e termos um coração quebrantado, para que Deus possa trazer um avivamento por nós.*

Essa Semana Bíblica também ficaria marcada pelas discussões a respeito do ensino teológico. Isso porque, desde a fundação das ADs, os missionários eram intransigentes ao ensino teológico formal. Entretanto, reconheciam a importância do estudo da Bíblia, e, por essa razão, instituíram as Semanas Bíblicas e Escolas Bíblicas de Obreiros. Por conta disso, na Quarta Semana Bíblica, o pastor John Peter Kolenda instigou o assunto do ensino teológico. Daniel (2004) informa que o secretário da Convenção, Paulo Leivas Macalão, sugeriu a instalação de uma escola bíblica de obreiros no período noturno, com ministrações semanais, e que o dia a ser fixado para as aulas fosse aquele em que os obreiros estivessem desimpedidos de culto nas Igrejas locais.

Lawrence Olson propôs que as ADs no Brasil abrissem seminários teológicos a fim de preparar e capacitar os obreiros assembleianos. Macalão fez objeção a isso, afirmando ser perigoso investir muito na educação teológica do obreiro. Após uma série de explanações, a favor ou contra o tema, a mesa diretora elaborou uma resolução em prol do ensino:

> 1) *Realizar Escolas Bíblicas no Pará em outubro e novembro; no Recife, em tempo a combinar; no Rio de Janeiro, em abril e maio; e no Rio Grande do Sul, no verão.*
>
> 2) *Ser criado um curso por correspondência, o qual será feito por intermédio do jornal* Mensageiro da Paz. *O irmão Samuel Nyström ficará responsável por esse curso e encarregado de escolher irmãos capazes de ajudá-lo. [...]* (Daniel, 2004. p. 196)

Veremos que essa questão teológica foi definida anos mais tarde com a criação do Conselho de Educação e Cultura da CGADB[2].

Ao término dessa Semana Bíblica, o evento seguinte com *status* de reunião nacional foi a Escola Bíblica realizada no Rio de Janeiro em 1945. Em 1946, as reuniões nacionais voltaram a ser identificadas pela nomenclatura antiga, ou seja, *Convenção Geral*.

6.3 Períodos de intensos debates

Durante 15 anos, de 1962 a 1977, as Assembleias de Deus experienciaram intensos e calorosos debates. Difíceis e importantes decisões foram tomadas. Entre os assuntos que exigiam um posicionamento da Igreja, destacam-se: a necessidade de criação de uma emissora de rádio, a questão da prática da maçonaria, a postura com relação à doutrina da Trindade, o uso dos métodos contraceptivos, o uso da televisão, a criação da Comissão de Educação Religiosa,

---
2   Você poderá saber mais sobre esse assunto na Seção 8.1 desta obra.

Institucionalização da Igreja

os aspectos relativos aos usos e costumes e o reconhecimento dos cursos teológicos.

6.3.1 Criação de uma emissora de rádio

Em 1962, na Convenção Geral realizada na cidade de Recife (PE), o pastor Rodrigo Silva Santana propôs a criação de uma emissora de rádio das Assembleias de Deus. As opiniões quanto ao assunto eram divergentes. Alguns líderes viam a proposta com desconfiança e outros entendiam que a Igreja deveria fazer uso da tecnologia na propagação do Reino de Deus. Após grande impasse, decidiu-se nomear uma comissão específica para tratar do tema.

A comissão concluiu que a questão era verdadeiramente complexa, mas de suma importância. Considerou que o tema merecia ser examinado com muita prudência. Após algumas reuniões, a Comissão apresentou o seguinte parecer:

a) *Orar a Deus para que nos conceda uma emissora, que nos proporcionará um maior rendimento quanto à evangelização pelo rádio;*

b) *Fomentar, enquanto possível, a manutenção dos atuais programas das igrejas locais e a criação de muitos outros;*

c) *Que fique a proposta do pastor Rodrigo Santana em evidência entre nós, principalmente aos diretamente interessados na evangelização pelo rádio, como questão aberta e em estudo até se encontrar uma forma equânime para sua solução;*

d) *Que de nenhuma forma e por qualquer hipótese, mesmo que venhamos a ter um programa de âmbito nacional e também uma emissora própria, sejam prejudicados os programas já existentes e aqueles que vierem a existir;*

e) *Que o pastor João Kolenda Lemos está à disposição de todos os atuais diretores de programas radiofônicos e também dos futuros no sentido de estes fornecerem alguma ajuda útil, inclusive por escrito;*

f) *Que todos os diretores de programas radiofônicos evangélicos das Assembleias de Deus no Brasil enviem à Redação de nossos periódicos os endereços das emissoras que operam, constando de título de programa, horário, dia, local, prefixo e reciclagem da emissora utilizada.* (Daniel, 2004, p. 342)

Após a exposição desse parecer, o missionário Eurico Bergstén pediu a palavra e, ao se pronunciar, considerou a resolução pertinente e elogiou o trabalho da Comissão. Após essa observação, a resolução foi colocada em votação e foi aprovada por unanimidade pelos convencionais presentes na capital pernambucana.

6.3.2 Questão da maçonaria

De 5 a 9 de dezembro de 1966, a Convenção Geral foi realizada pela primeira vez na cidade de Santo André (SP). Essa reunião nacional foi bem concorrida. Inscreveram-se 799 assembleianos, dentre eles 382 pastores e evangelistas vindos de todas as regiões do Brasil. Segundo Daniel (2004), um tema controvertido foi amplamente discutido na reunião. O pastor Geraldo Sales questionou se era lícito um membro da AD participar das atividades da maçonaria.

Daniel (2004) esclarece, ainda, que debateram acerca do tema os pastores Alípio da Silva, José Gomes, Joaquim Marcelino da Silva e Aristides Firmino da Costa. A palavra desses preletores e a posição dos convencionais presentes foram unânimes em repudiar a prática da maçonaria. O argumento apresentado era de que essa prática não coadunava com os preceitos cristãos. Dessa forma, a AD decidiu não permitir ao assembleiano participar da maçonaria.

6.3.3 Questão da Trindade, dos métodos contraceptivos e da televisão

A convenção realizada entre 25 e 29 de novembro de 1968, na cidade de Fortaleza (CE), abrangeu três assuntos polêmicos. Foi mencionado em plenário que havia alguns obreiros das ADs que estavam pregando contra a doutrina da Santa Trindade. Os pastores que propuseram a discussão desse tema foram João Nunes, José Eduardo, Enock Morgado e José Ramos. Essa constatação preocupou o plenário, provocou amplo debate e terminou com a seguinte resolução:

> *Vários convencionais falaram defendendo os princípios que nos fazem crer na Doutrina da Trindade e propuseram a conservação e criação de escolas bíblicas para discorrer sobre o assunto, pois em nosso próprio meio Deus tem levantado homens capazes para ensinar a qualquer contradizente. Terminaram todos com a decisão unânime: "Devemos permanecer na doutrina".* (Daniel, 2004, p. 392)

Outro tema de discussão foram os métodos contraceptivos. O pastor Álvaro Motta indagou: "Qual a posição das Assembleias de Deus no Brasil com relação ao uso das pílulas anticoncepcionais, com finalidade de controlar a natalidade, ou melhor, limitar o número de filhos? Devemos permitir ou não?" (Daniel, 2004, p. 391). O assunto foi submetido à votação do plenário. O presidente apresentou a questão e os convencionais decidiram unanimemente: "Que não se permita, absolutamente" (Daniel, 2004, p. 391). Quanto a essa resolução de 1968, não há registros de revogação oficial. Contudo, o atual presidente da CGADB, pastor José Wellington Bezerra da Costa, em entrevista à revista *Veja* em 1997, ao ser questionado quanto ao uso dos métodos contraceptivos artificiais, respondeu: "Seria hipocrisia ir contra isso, embora eu ache melhor o método natural" (Barros; Capriglione, 1997, p. 93). A afirmação do líder indica que a resolução de 1968 atendia a necessidade e a realidade da igreja naquela época e que em tempos atuais o controle da natalidade requer o uso dos métodos artificiais.

Daniel (2004) acrescenta que também o uso da televisão foi amplamente discutido nessa convenção. O tema foi tão polêmico que entrou em pauta em dois dias, 28 e 29 de novembro. Destacaram-se falando contra o uso do equipamento eletrônico os pastores Albino Nascimento de Barros e José Francisco Carneiro; a favor, estava o pastor José de Castro, que afirmou achar um "absurdo tanta condenação". Eis a decisão:

> 1) Os pastores e evangelistas da Assembleia de Deus no Brasil não devem usar aparelhos televisores;
>
> 2) Os que já possuem, devem desfazer-se deles até a próxima Convenção;
>
> 3) Os obreiros devem recomendar às igrejas que se abstenham do uso de televisores;
>
> 4) Que os que possuem desfaçam-se dos mesmos a fim de evitar a suspensão. (Daniel, 2004, p. 399)

Em 1969, essa resolução foi publicada no jornal o *Mensageiro da Paz*. A liderança demonstrava sincera preocupação com o uso de aparelhos televisores pelos membros das AD no Brasil. Eles entendiam que o uso indiscriminado causaria danos irreparáveis às famílias, em virtude dos programas antibíblicos e imorais. A reunião geral de 1975 deliberou sobre esse assunto, mais uma vez proibindo o uso de tal instrumento de comunicação pelos fiéis.

Somente no 5º Encontro de Líderes das Assembleias de Deus (Elad), realizado entre 23 e 26 de agosto de 1999 na cidade do Rio de Janeiro, é que houve uma reformulação sobre essa proibição. A redação dessa resolução usou termos brandos como "sadios princípios estabelecidos na Palavra de Deus" e não proibiu, mas alertou os assembleianos quanto ao "mau uso dos meios de comunicação:

televisão, Internet, rádio, telefone (I Co 6.12; Fp 4.8)" (Daniel, 2004, p. 580-581). Nesse diapasão, em 2011, a Convenção Geral realizada em Cuiabá (MT) ratificou a resolução do 5º Elad e asseverou que cabe aos pastores alertar os membros dos resultados nocivos de certos programas da televisão (Mensageiro da Paz, 2011).

6.3.4 Criação da Comissão de Educação Religiosa

De 18 a 23 de janeiro de 1971 foi a vez da Igreja de Niterói (RJ) receber a CGADB. Dentre as deliberações importantes, destaca-se a sessão do dia 20, na qual foi novamente discutida a questão do Ensino Teológico nas Assembleias de Deus. Como já mencionamos, o tema vinha sendo discutido desde a Quarta Semana Bíblica (1941). Muitos líderes tinham desconfiança quanto à educação teológica. Alguns, pejorativamente, chamavam os Seminários Teológicos de "fábrica de pastores".

Apesar da resistência de alguns, o pastor Gilberto Malafaia, fundador do Instituto Bíblico Pentecostal (IBP), em parceria com o missionário Lawrence Olson, em 1962, propôs a criação de uma Comissão de Educação Religiosa. Após a apreciação dos convencionais, foi aprovada a criação da comissão. Em seguida, foram indicados os membros para compor a referida comissão: Túlio Barros Ferreira, João Kolenda Lemos, Pedro de Souza Neves, João Pereira de Andrade e Silva, Luiz Bezerra da Costa, Gilberto Gonçalves Malafaia e Nestor Henrique Mesquita. As atribuições da Comissão foram definidas do seguinte modo: "A referida comissão elaborará o esquema de um currículo que, depois de lido, discutido e aprovado por este plenário, será adotado pelas escolas bíblicas permanentes e instituições congêneres" (Daniel, 2004, p. 409). Mais tarde, essa comissão foi alçada à condição de conselho e adotou a nomenclatura *Conselho de Educação e Cultura*, em franca atividade até os dias atuais.

6.3.5 Usos, costumes e reconhecimento teológico

Um dos temas amplamente discutidos, extremamente polêmico e controvertido, diz respeito às normas de usos e costumes nas ADs. A Convenção Geral de 1975, realizada na cidade de Santo André (SP), discutiu o assunto intensamente. Por fim, os convencionais aprovaram por unanimidade as seguintes abstenções:

1. *Uso de cabelos crescidos pelos membros masculinos;*
2. *Uso de traje masculino por parte dos membros ou congregados do sexo feminino;*
3. *Uso de pinturas nos olhos, unha e outros órgãos da face;*
4. *Corte de cabelo por parte das irmãs (membros ou congregados);*
5. *Sobrancelhas alteradas;*
6. *Uso de minissaias e outras roupas contrárias ao bom testemunho da vida cristã;*
7. *Uso de aparelho de televisão, convido abster-se, tendo em vista a má qualidade da maioria dos seus programas, abstenção essa que se justifica, inclusive, por conduzir eventuais problemas de saúde;*
8. *Uso de bebidas alcoólicas.* (Daniel, 2004, p. 438-439)

Essas deliberações demonstram a preocupação da liderança com a conduta e o comportamento do membro e o poder de influência da cultura social do ambiente em que a Igreja estava inserida. A proposta era diferenciar o membro da AD do cidadão não convertido ao Evangelho. As orientações tinham cunho pedagógico para que o assembleiano não descumprisse o princípio doutrinário da santidade.

Os princípios de santidade ainda hoje permanecem em vigor, contudo, a questão de usos e costumes ficou restrita ao critério dos líderes das Igrejas locais. Desse modo, a depender dos líderes, algumas igrejas observam essas orientações e outras não.

Outro tema de suma importância debatido nessa reunião convencional em Santo André (SP) foi o reconhecimento do Instituto Bíblico Pentecostal (IBP), instituição criada em 1962 por Lawrence Olson, Gilberto Malafaia e outros. O reconhecimento do IBP foi o primeiro ato, nesse sentido, proposto pela Comissão de Educação Religiosa da CGADB, que fora criada em 1971. A partir dessa data, abriu-se o precedente para a criação e o reconhecimento de novas instituições teológicas.

Em 1977, a Convenção Geral se reuniu pela sexta vez em Recife (PE). Essa reunião nacional foi considerada a última do que ficou conhecido como *período de grandes debates*. Não porque inexistissem debates nas convenções seguintes, mas pela compreensão de que, após a convenção de Recife, as ADs já estavam praticamente consolidadas em seus princípios e suas doutrinas.

Os usos e costumes voltavam ao temário em 1999. Por ocasião do já citado 5º Elad, realizado no Rio de Janeiro, discutiu-se intensamente o assunto. Após exaustivo debate, a comissão criada para deliberar sobre a questão emitiu resolução que foi aprovada pelo plenário. A resolução abordou o tema como uma lista de princípios sadios, e não como doutrina. Tais princípios foram apresentados como práticas a serem evitadas e foram assim enumerados:

1. *Ter os homens cabelos crescidos (1 Co 11.14), bem como fazer cortes extravagantes;*
2. *As mulheres usarem roupas que são peculiares aos homens e vestimentas indecentes e indecorosas, ou sem modéstia (1 Tm 9-10);*

3. Uso de pinturas e maquiagem – unhas, tatuagens e cabelos (Lv 19.28 e 2 Rs 9.30);
4. Uso de cabelos curtos em detrimento da recomendação bíblica (1 Co 11.6,15);
5. Mal [sic] uso dos meios de comunicação: televisão, Internet, rádio, telefone (1 Co 6.12 e Fp 4.8);
6. Uso de bebidas alcóolicas e embriagantes (Pv 20.1; 26.31; 1 Co 6.10 e Ef 5.18). (Daniel, 2004, p. 581)

Em 2011, a Convenção Geral realizada em Cuiabá (MT), por meio dos seus convencionais, ratificou a resolução de 1999, manteve no preâmbulo do texto os dizeres "que as igrejas se abstenham do seguinte:" e republicou a lista das práticas a serem evitadas (Mensageiro da Paz, 2011). Assim, os usos e costumes continuam em vigor no seio assembleiano nacional, porém muitas lideranças os interpretam não mais como proibição, e sim como recomendação.

6.4 Solidificação administrativa da Convenção Geral

Araújo (2007) afirma que até 1979 a estrutura física e organizacional da Convenção Geral era precária. Por exemplo: não havia um escritório da Convenção para atendimento aos pastores; quando se fazia necessário, a CGADB usava as instalações da CPAD, em São Cristóvão (RJ).

Na Convenção Geral de 1964, para fins administrativos, decidiu-se criar um cadastro geral de pastores inscritos na CGADB. Na Convenção Geral de 1979, realizada em Porto Alegre, foi alterado o modelo de administração adotado. Silas Daniel (2004, p. 467), ao escrever acerca dessa deliberação, assim relata:

A última deliberação da sessão matinal do dia 26 foi a eleição da nova mesa diretora, cujo mandato vigoraria durante todo o interregno convencional, conforme novo estatuto, aprovado naquela sessão. Tal decisão marca uma nova fase da história da Convenção Geral, uma vez que extinguiu a Junta Executiva de deliberações da CGADB, dando novas nuances à condução da Convenção.

Nessa fase de solidificação administrativa da CGADB, destaca-se a participação de Nemuel Kessler, que foi nomeado o primeiro-secretário da mesa diretora. Sua gestão foi notada pela excelência da administração. Kessler era formado em Administração de Empresas e graduado em Teologia, tendo sido o quinto aluno formado pelo Instituto Bíblico Pentecostal (Araújo, 2007). Em sua gestão, implantou o cadastro geral de ministros, o registro de convenções estaduais e ainda instituiu expediente diário na secretaria.

Atualmente, a CGADB agrega aproximadamente 120 mil pastores das ADs brasileiras. É dotada de uma grande sede administrativa, está organizada em diversos órgãos descentralizados, como as comissões e conselhos, e possui, além de pastores que presidem esses órgãos, funcionários que prestam serviços administrativos para o bom andamento da Convenção Geral das ADs no Brasil.

Síntese

A primeira reunião da Convenção Geral aconteceu em 1930, após os pastores brasileiros requisitarem aos missionários suecos mais autonomia em suas Igrejas. Porém, apenas em 1938 essa instituição foi oficializada. Durante os anos de 1939 a 1943, a instituição adotou a nomenclatura *Semanas Bíblicas*; passado esse período, retomou a nomenclatura de *Convenção Geral*. Devido a seu enorme crescimento, houve diversos debates doutrinários e teológicos, contudo, os moldes adotados em 1911 foram conservados, sendo pregados até hoje. Na atualidade, essa instituição tem mais de 120 mil pastores filiados.

Atividades de autoavaliação

1. A respeito da principal pauta da primeira Convenção Geral, classifique as afirmações que seguem como verdadeiras (V) ou falsas (F):
   ( ) Até 1930, a liderança e a supervisão das Igrejas eram responsabilidade dos missionários norte-americanos.
   ( ) Apesar de boa parte das Igrejas do Norte e Nordeste ser dirigida por pastores brasileiros, nenhum trabalho tinha autonomia.
   ( ) O líder natural dos missionários era o pastor Gunnar Vingren, que desde 1924 liderava a Assembleia de Deus no Rio de Janeiro, então capital do Brasil.
   ( ) Na ausência de Vingren, o missionário Daniel Berg, que estava em Belém do Pará, era quem exercia a liderança nacional.

2. Quanto às resoluções da primeira Convenção Geral, assinale a alternativa correta:
   a) Uma das maiores resoluções dessa convenção foi a transferência do trabalho, nas regiões Norte e Nordeste, para as mãos dos pastores brasileiros.
   b) Foram transferidas aos brasileiros 16 igrejas, que totalizavam aproximadamente 100 mil membros.
   c) A convenção regulou o ministério feminino na Igreja, definindo que as mulheres teriam o direito de participar da vida da Igreja e de exercer até mesmo o pastorado.
   d) Nessa convenção também aconteceu a fusão dos jornais *Boa Semente* e *Som Alegre*, dando origem ao jornal *Voz da Verdade*.

3. Indique se as seguintes afirmações sobre a Terceira Semana Bíblica, realizada em 1941, são verdadeiras (V) ou falsas (F):
( ) Na reunião, foi proposto que deixassem de existir vários ministérios da Assembleia de Deus em uma mesma cidade para evitar lutas.
( ) Outro tema pautado na Semana Bíblica Sul-Americana foi a contemporaneidade dos dons espirituais.
( ) Nyström elencou os principais motivos para o servo do Senhor perder os dons espirituais: deixar de consagrar e orar, assistir à televisão e abusar dos dons.
( ) Os convencionais também aprovaram maior rigor na escolha de ministros para impedir aventureiros nos quadros de obreiros das Assembleias de Deus.

4. Com relação à criação de uma emissora de rádio e à maçonaria, assinale a alternativa incorreta:
a) Em 1962, foi proposta na Convenção Geral a criação de uma emissora de rádio das Assembleias de Deus.
b) A comissão do rádio concluiu que a questão era complexa, mas de suma importância. Considerou que o tema merecia ser examinado com muita prudência.
c) Em 1966, na Convenção Geral de Santo André, outro tema controvertido foi amplamente discutido: a questão da maçonaria.
d) A maçonaria foi aceita sob o argumento de que sua prática não agride os preceitos cristãos, sendo perfeitamente compatível com a fé cristã.

5. Sobre a solidificação administrativa da Convenção Geral, classifique as seguintes afirmações como verdadeiras (V) ou falsas (F):

( ) Até o ano de 1979 a estrutura física e organizacional da Convenção Geral era precária.

( ) Na Convenção Geral de 1964, para fins administrativos, decidiu-se pela criação de um cadastro geral de pastores inscritos na CGADB.

( ) Na Convenção Geral de 1979, realizada em Porto Alegre, foi alterado o modelo de administração da CGADB.

( ) Atualmente, a CGADB agrega aproximadamente 120 mil pastores das Assembleias de Deus no Brasil, sendo dotada de uma grande sede administrativa.

Atividades de aprendizagem

Questões para reflexão

1. Ficou decidido na primeira reunião da Convenção Geral que o trabalho missionário passaria a ser de responsabilidade dos brasileiros. Na época, a Igreja contava com cerca de mil membros, e os missionários suecos passaram as igrejas para a administração dos brasileiros sem custo algum. Os líderes eclesiásticos atuais tendem a ter a mesma atitude que tomaram os suecos?

2. O missionário Samuel Nyström foi um dos grandes pregadores das Semanas Bíblicas. Sua mensagem era cristocêntrica, escatológica e arrebatava grandes multidões de cristãos. No momento atual, o que arrebata as grandes multidões: as mensagens verdadeiramente bíblicas ou as mensagens de autoajuda?

Atividade aplicada: prática

Escolha um dos temas discutidos no período de intensos debates e disserte sobre sua importância e influência na atualidade.

capítulo sete

Oficialização da denominação

07

A Assembleia de Deus (AD), desde o início de suas atividades, mostrou preocupação com a divulgação do Evangelho pela imprensa escrita. A Igreja teve ao todo quatro jornais: *Voz da Verdade*, *Boa Semente*, *Som Alegre* e, por último e ainda em circulação, o *Mensageiro da Paz*.

Com o crescimento da obra, percebeu-se a necessidade de organizar editora e gráfica de propriedade da Igreja para atender às demandas da literatura assembleiana, sem depender de terceiros e, assim, otimizar os recursos financeiros. Com esses propósitos, foi criada a Casa Publicadora das Assembleias de Deus (CPAD).

Com o tempo, surgiram na Igreja alguns desentendimentos. O primeiro cisma se deu após o pastor Paulo Macalão fundar uma Convenção Nacional da Igreja de Madureira (RJ). O Estatuto da Convenção Geral não permitia que os pastores estivessem filiados a duas convenções de caráter nacional. Como não houve acordo, os pastores da Convenção de Madureira foram desligados. Em tempos recentes aconteceu outro cisma, o desligamento do tele-evangelista pastor Silas Malafaia.

7.1 Divulgação pela imprensa

Desde o início de seu trabalho, a AD soube usar a impressa para a evangelização e a propagação do Evangelho. Além de evangelizar, os periódicos da Igreja tinham a função de informar a membresia, divulgar os trabalhos no Brasil e manter a unidade doutrinária.

Inicialmente, as Assembleias de Deus publicaram os jornais *Voz da Verdade* (1917), *Boa Semente* (1919-1930) e *Som Alegre* (1929). Em 1930, os jornais *Boa Semente* e *Som Alegre* fundiram-se para formar um único jornal: *Mensageiro da Paz*.

7.1.1 *Voz da Verdade*

O poder da imprensa já era conhecido pela AD no Brasil desde sua fundação. Isso porque, conforme comentamos em capítulo anterior, Gunnar Vingren e Daniel Berg foram excluídos da Igreja Batista de Belém depois de o responsável por essa Igreja publicar informações e inverdades contra os pioneiros das ADs; em decorrência disso, os dois amigos sofreram diversas perseguições (Berg, 1995).

Reconhecendo o valor e o poder da página impressa, em novembro de 1917, as ADs no Brasil lançaram o jornal *Voz da Verdade*. Esse primeiro jornal pentecostal era impresso na Travessa Demétrio Ribeiro 8-C, em Belém (PA). Segundo Araújo (2007, p. 907), o jornal "atendia também a três outras igrejas da cidade, as quais criam nas mesmas verdades da doutrina do Espírito Santo. Essas igrejas eram pastoreadas por Almeida Sobrinho, o redator-responsável do jornal". O expediente do jornal era de responsabilidade de Almeida Sobrinho e João Trigueiro da Silva. O *Voz da Verdade* perdurou por apenas dois meses.

7.1.2 *Boa Semente*

Mais tarde, em janeiro de 1919, o missionário Gunnar Vingren fundou o jornal *Boa Semente*. Diferentemente do primeiro jornal, que também atendia outras igrejas, o *Boa Semente* passou a ser órgão oficial da AD de Belém.

Vingren era responsável pelo expediente do jornal. Tinha como cooperadores sua esposa, Frida Vingren, o missionário Samuel Nyström, o missionário Nels Justus Nelson e o pastor Plácido Aristóteles. Araújo (2007, p. 134) relata que "o primeiro opúsculo editado pela tipografia do jornal *Boa Semente* foi a Salvação em Jesus Christo é para todos".

Um dos objetivos do jornal era o evangelismo e o discipulado. Quando Vingren viajou para a Suécia, em 1921, o missionário Nyström o substituiu interinamente na direção da Igreja e na edição do jornal. Nesse tempo, "o jornal começou a sair uma vez por mês. Continuou assim até o ano de 1930, quando Nyström mudou-se do Pará. O jornal saía então numa edição de 3 mil exemplares" (Araújo, 2007, p. 133). O jornal *Boa Semente* circulou até 1930, quando foi substituído pelo *Mensageiro da Paz*.

7.1.3 *Som Alegre*

Em 1929 foi criado pela AD outro periódico denominado *Som Alegre*. A história desse jornal se iniciou em 1924, ano em que Gunnar Vingren mudou-se para o Rio de Janeiro. O jornal que fundara em Belém, em 1919, continuava em grande circulação. Todavia, Vingren desejava ter também um periódico para a evangelização da então capital brasileira. Com esse propósito, em novembro de 1929 ele fundou o jornal *Som Alegre*. O nome escolhido proveio do livro dos Salmos – número 89, verso 15. O jornal circulou por 11 meses, até outubro de 1930. Apesar do curto tempo de circulação, essa publicação foi muito importante, principalmente para o evangelismo na cidade do Rio de Janeiro. Assim como o *Boa Semente*, editado no Pará, o *Som Alegre* foi substituído pelo *Mensageiro da Paz*.

7.1.4 Mensageiro da Paz

Na reunião convencional das ADs no Brasil, que ocorreu de 5 a 10 de setembro de 1930, os convencionais decidiram fundir o jornal *Boa Semente* ao *Som Alegre*, os quais haviam sido instituídos pelo missionário Gunnar Vingren.

A proposta dos convencionais era juntar as forças dos dois jornais em prol de um único veículo de imprensa: o jornal *Mensageiro da Paz*. Assim, após essa deliberação convencional, na última edição dos jornais *Boa Semente* e *Som Alegre*, ambos publicaram a seguinte postagem:

> *como prova de união e cooperação, foi resolvido que os dois jornais, a Boa Semente do Pará e o Som Alegre do Rio de Janeiro, se unirão num só jornal que será então o Órgão das Assembleias de Deus no Brasil. Será o mesmo redigido no Rio de Janeiro, sob a diretoria dos abaixo assinados, e sairá quinzenalmente. Samuel Nyström e Gunnar Vingren.*
> (Daniel, 2004, p. 33)

Araújo (2015, p. 26) completa:

> *A redação do novo jornal [...] funcionou, nas primeiras edições, nas residências de Samuel Nyström e Gunnar Vingren. Entre 1930 e 1938 a*

redação do Mensageiro da Paz funcionou em seis endereços diferentes. Em 1937, Emílio Conde passou a trabalhar na redação do jornal. Nesse ano a tiragem atingiu a soma de 11.800 jornais quinzenais. Em virtude desse vertiginoso crescimento o MP precisou transferir-se: A partir de 7 de março de 1938, a Redação do Mensageiro da Paz passou a funcionar numa casa anexa ao novo templo da Assembleia de Deus no Campo de São Cristóvão 338, onde ocupava apenas seis pequenas salas, medindo um total de 160 metros quadrados, que serviam de Redação, secretaria, tesouraria, depósito e expedição.

Durante o governo de Getúlio Vargas, o *Mensageiro da Paz* teve de ser registrado no Departamento de Imprensa e Propaganda (DIP). Foi nesse período que nasceu a Casa Publicadora das Assembleias de Deus (CPAD), da qual trataremos da próxima seção.

Na década de 1960, o pastor Armando Chaves lançou a campanha dos 100 mil exemplares, uma homenagem ao cinquentenário das ADs no Brasil. Nessa época, o *Mensageiro da Paz* atingiu a tiragem de 67 mil exemplares em três ocasiões (Araújo, 2007). Em meados da década de 1970, o pastor Paulo Leivas Macalão foi o diretor interino do *Mensageiro da Paz*. Destaca-se ainda a participação do pastor Abraão de Almeida, de 1979 a 1984, e do pastor Antônio Gilberto da Silva, de 1989 a 1993, como diretores de publicação.

Atualmente, o *Mensageiro da Paz* é o jornal evangélico de maior tiragem no Brasil. É reconhecido por informar o público interno e instruir os assembleianos com a publicação de artigos teológicos e doutrinários.

7.2 Criação da Casa Publicadora das Assembleias de Deus

A Casa Publicadora das Assembleias de Deus (CPAD) do Brasil surgiu de uma necessidade. A Convenção Geral já tinha em circulação o jornal *Mensageiro da Paz*, criado em 1930, e também as revistas *Lições Bíblicas*, para a escola dominical. Esses periódicos eram publicados em gráficas contratadas e com qualidade modesta. Emílio Conde e Nils Kastberg ousaram, então, sonhar com a existência de uma editora e gráfica própria (Araújo, 2015).

A ideia surgiu na Convenção Geral de Belém, em 1936, quando da comemoração do jubileu de prata do movimento pentecostal no Brasil.

Segundo Daniel (2004, p. 116), o missionário Nils Kastberg, na época redator do *Mensageiro da Paz*, "leu um relatório animador [...], assinado pelos irmãos Francisco Coelho e Thales Caldas. Em seis meses, o saldo positivo do MP havia aumentado em quase 500%". Kastberg também argumentou sobre a dificuldade de administrar diversas caixas financeiras para a produção da literatura assembleiana. Então, apresentou "a proposta de reuni-las numa só caixa, formando uma espécie de Casa publicadora" (Araújo, 2015, p. 23).

A partir de 1936, o desejo de organizar editora e gráfica próprias passou a ser alvo de debates nas ADs. O sentimento era unânime. A Igreja não poderia depender de terceiros em algo tão essencial. Era urgente e fundamental produzir e imprimir a própria literatura. Após diversas reuniões de líderes, em 1940, por ocasião da Segunda Semana Bíblica, ficou definida e acertada a fundação da Casa Publicadora das Assembleias de Deus (CPAD).

7.2.1 Deliberações para a criação da CPAD

Em dezembro de 1939, o presidente do Brasil, Getúlio Vargas, expediu um decreto criando o Departamento de Imprensa e Propaganda (DIP), que serviu como instrumento de censura e fiscalização do governo durante o Estado Novo (1937-1945). Portanto, tornou-se obrigatório a todos os órgãos de impressa e propaganda o registro nesse órgão estatal, sob pena de fechamento forçoso pelo governo. Como ficou acertada na Segunda Semana Bíblica a fundação da CPAD, foi elaborado em caráter de urgência um estatuto social simples e provisório (Daniel, 2004). O presidente da Convenção, o missionário Samuel Nyström, pediu ao presbítero Lauro Soares "que providenciasse a elaboração de um estatuto para regularizar a Casa Publicadora das Assembleias de Deus como personalidade jurídica" (Araújo, 2015, p. 29).

A CPAD foi inscrita no DIP sob a responsabilidade de seis pastores: Arquimedes Pinto Vasconcelos, Lauro Soares, Sansão Batista, Cícero Canuto de Lima, Samuel Nyström e Francisco Leopoldo Coelho. Os cinco primeiros subescreveram o estatuto social e o sexto foi nomeado primeiro-gerente da Casa Publicadora. Como resultado, no dia 13 de março de 1940, a CPAD teve o seu estatuto registrado no Distrito Federal, que à época era a cidade do Rio de Janeiro. A editora passou, então, a ser proprietária imediata do *Mensageiro da Paz*.

Emílio Conde foi o primeiro funcionário a ser contratado pela novíssima Casa Publicadora. Ele já trabalhava no *Mensageiro da Paz* desde 1937, e em 1939 tinha sido designado redator-secretário da publicação. Conde foi registrado como funcionário da CPAD no dia 15 de março de 1940, dois dias após a criação da editora assembleiana.

7.2.2 Criação do Conselho Editorial

Na Segunda Semana Bíblica realizada em Salvador (BA), em 1940, foi também criado o Conselho Editorial, precursor do atual Conselho Administrativo da CPAD.

Araújo (2015, p. 28) esclarece que, "no final dos anos 40, esse conselho, também chamado de Comissão de Literatura ou Conselho Diretor, foi substituído pelo Conselho Administrativo da CPAD, órgão existente até hoje". Em 1943, na Convenção Geral, do Rio de Janeiro, "foram nomeados três conselheiros espirituais para a CPAD: Samuel Nyström, Cícero Canuto de Lima e Paulo Leivas Macalão" (Araújo, 2015, p. 28).

Na Convenção Geral de 1946, em Recife (PE), os convencionais decidiram que a Convenção Geral das Assembleias de Deus no Brasil (CGADB) também se tornaria pessoa jurídica. Os convencionais decidiram registrar oficialmente no estatuto da convenção que a Casa Publicadora passaria a ser de sua propriedade (Araújo, 2015).

7.2.3 Campanha do milhão em favor da CPAD

Segundo Araújo (2015), nas plenárias da reunião convencional de 1946, o pastor João P. Kolenda informou aos convencionais que a gráfica responsável pela impressão do *Mensageiro da Paz* estava para ser desapropriada. Diante dessa situação, Kolenda discorreu acerca "da possibilidade da Casa Publicadora ter, no futuro, sua própria casa e tipografia" (Araújo, 2015, p. 31). Ainda, naquela mesma ocasião, Teixeira Rego

> *propôs que fosse feita alguma coisa e, para iniciar a campanha, depositou sobre a mesa da presidência mil cruzeiros. O ato empolgou os convencionais e, logo após uma oração feita pelo missionário João P. Kolenda,*

vários pastores contribuíram, chegando-se, naquela manhã, à quantia de 8.150 cruzeiros. (Daniel, 2004, p. 226)

Sobre isso, Araújo (2015, p. 32) também relata:

Em seguida, foi aprovada a "Campanha do Milhão", em favor da Casa, para comprar uma máquina tipográfica. Foi proposta a nomeação de um representante da Campanha do Milhão. O presbítero Gustavo Kessler, do Rio de Janeiro, foi indicado pelo missionário Nels Nelson. Também foram aprovados a circular e a propaganda referente à Campanha do Milhão, em prol da CPAD. O slogan era "Um milhão de cruzeiros, cada crente no Brasil um contribuinte".

Dois anos depois, na Convenção Geral, em Natal (RN), na tarde do dia 23, o missionário J. P. Kolenda divulgou que fora comprado um terreno no Rio de Janeiro, conforme definição da comissão criada em 1947 para escolher o local das instalações da CPAD. O terreno, localizado na Rua São Luiz Gonzaga, foi adquirido por Cr$ 1.587.592,50. De entrada, a Convenção Geral havia pago Cr$ 984.240,00, devendo o restante ser pago em três parcelas semestrais. Já as máquinas adquiridas haviam custado Cr$ 727.086. Porém, a CPAD ainda precisava de mais máquinas, cujo valor total ficava entre 500 e 800 mil cruzeiros (Daniel, 2004).

Nessa mesma convenção, "Paulo Leivas Macalão apresentou a impressão [...] das revistas *Lições Bíblicas* do primeiro trimestre de 1949, rodada nas novas máquinas" (Araújo, 2015, p. 35).

7.2.4 Gestão de Thales Caldas

Em 1948, o pastor Thales Caldas substituiu o então diretor interino Eugênio Pires. Sua gestão se estendeu de 1948 até 1952. Conforme Araújo (2007), na sua administração, a Casa Publicadora transferiu-se para o galpão da Rua São Luiz Gonzaga, em 1949, e recebeu novas máquinas: uma de linotipo e mais tarde um grampeador elétrico.

7.2.5 Gestão de João Pereira de Andrade e Silva

Araújo (2015) conta que João Pereira de Andrade e Silva ficou à frente da CPAD por dois mandatos, um na década de 1950 e o outro na década de 1970. No primeiro período, ele fez a renovação das primeiras máquinas impressoras. Assim, a 18ª edição da *Harpa Cristã sem música*, lançada em sua administração, em 1953, alcançou a marca de 50 mil exemplares. A Casa Publicadora vivia enormes dificuldades financeiras. Nessa época, para a impressão da *Harpa Cristã* era necessário tomar dinheiro emprestado a fim de comprar matéria-prima.

A propriedade definitiva do terreno da CPAD foi conquistada na sua primeira gestão, em 1956.

Andrade e Silva ainda lançou a revista *A Seara*, com uma tiragem inicial de 11 mil exemplares. A revista foi responsável pela revelação de alguns talentos da AD, entre eles Antônio Gilberto da Silva, José Apolônio da Silva, Sílvio Amaral e Joanyr de Oliveira. Em sua segunda gestão, de 1977 a 1978, Andrade e Silva e o diretor de publicações Joanyr de Oliveira lançaram as revistas *O Obreiro*, em 1977, e *Jovem Cristão*, em 1978.

Durante o mandato de Andrade e Silva, o conselho administrativo deliberou construir um prédio para ampliar as instalações: "o projeto incluía a construção de um edifício sede para a CGADB ao lado da CPAD [...] mas a obra não foi executada" (Araújo, 2015, p. 51).

Ainda em sua gestão foi criada uma nova logomarca para a CPAD, à sigla acrescentou-se uma chama de fogo, simbolizando o fogo pentecostal, marca que foi mantida até início dos anos 1980.

7.2.6 Gestão de Túlio Barros Ferreira

Na gestão de Túlio Barros Ferreira, o *Mensageiro da Paz* ganhou mais páginas. Destacamos, nesse período, a revelação do expoente Geziel Nunes Gomes. Detentor de grande conhecimento bíblico e teológico, ele iniciou sua carreira na Casa Publicadora aos 18 anos.

Túlio Barros representou a editora na exposição de livros da Câmara de Literatura Evangélica do Brasil, em 1958, e, após deixar a gerência, tornou-se missionário no exterior. Anos mais tarde, em 1965, ao retornar da missão na Bolívia, Túlio Barros assumiu a presidência da AD em São Cristovão.

7.2.7 Gestão de Armando Chaves Cohen

Além de concretizar outros projetos, Cohen instalou uma agência distribuidora em São Paulo, adquiriu mais duas máquinas para a editora, estabeleceu maior contato com o mercado consumidor, fez os primeiros contratos para a instalação de uma filial em Curitiba (concretizada na gestão seguinte) e abriu um depósito na cidade natal das ADs no Brasil, Belém do Pará.

7.2.8 Gestão de Deolando Almeida

Almeida, que fora anteriormente funcionário da Casa Publicadora e conhecia as dificuldades administrativas da editora, foi responsável por melhorar alguns aspectos de sua administração. Além disso, deu prosseguimento ao trabalho de seu antecessor e instalou a filial em Curitiba. Em sua gestão, iniciou a campanha para a construção da segunda sede da CPAD.

7.2.9 Gestão de Altomires Sotero Cunha

Em 1967, Cunha adquiriu a nova sede em Vicente de Carvalho. Três anos mais tarde, em 27 de setembro de 1970, foi inaugurada a nova CPAD, na Estrada Vicente de Carvalho, 1083. Conforme explica Araújo (2007, p. 48), "a nova sede alcançou um parque gráfico moderno, equipado com máquinas que podiam imprimir, na época, até 20 mil *Lições Bíblicas* ou 10 mil jornais *Mensageiros da Paz* por hora". Araújo (2015, p. 48) ainda esclarece:

> *Na Convenção Geral de 1968, na AD de Fortaleza (CE), foi aprovado o nome do pastor e jornalista Alcebiades Pereira Vasconcelos para assumir a direção do* Mensageiro da Paz *[...] devido ao pedido de demissão do então diretor Emílio Conde, que estava com sua saúde muito debilitada [...] Conde foi escolhido [...] como diretor honorário do* Mensageiro da Paz.

Em 1974, a CPAD realizou o primeiro Curso de Aperfeiçoamento de Professores da Escola Dominical (Caped), na Igreja de São Cristóvão (RJ), sob a coordenação do então presbítero Antônio Gilberto da Silva, que chefiou a Divisão de Educação Cristã da editora.

Ainda nessa gestão, em 1972, foi elaborada nova logomarca da Casa Publicadora: "ela trazia listras sobre a sigla CPAD em direção ao alto simbolizando as bênçãos de Deus sobre a Casa e a atuação da editora irradiando a luz da Palavra" (Araújo, 2015, p. 49).

7.2.10 Gestão de Custódio Rangel Pires

Na gestão de Rangel Pires, foi criado o setor de *marketing* da editora e estruturada a diretoria comercial.

A logomarca criada em 1972 foi aperfeiçoada e, no final de 1980, uma nova logomarca passou a ser utilizada. Criada por José Bezerra, continha os símbolos pentecostais, a chama pentecostal e a pomba, que é símbolo do Espírito Santo, a terceira pessoa da Trindade.

Em setembro de 1985, em convênio com a Sociedade Bíblica do Brasil, a editora passou a produzir 25 mil exemplares de Bíblia, em uma versão revista e corrigida (Araújo, 2015). Mesmo com a crise econômica presente no Brasil e que atingira a CPAD, a produção cresceu de 8 para 100 toneladas.

A gestão de Rangel Pires ainda foi marcada pela compra do terreno com 16 mil metros quadrados em Bangu, zona oeste da cidade do Rio de Janeiro, onde foi iniciada a construção da nova sede da CPAD, que comportaria "três amplos galpões para o parque gráfico, expedição, almoxarifado e escritórios administrativos e de publicações" (Araújo, 2015, p. 55).

A criação de filiais, realizada na gestão de Armando Chaves, continuou com Pires, que inaugurou seis unidades: em Belenzinho (1982), Recife, Niterói (1984), Nova Iguaçu (1984), Brasília (1985) e Santo Amaro (1988). Pires projetava chegar a 70 filiais em todo o país.

7.2.11 Gestão de Horácio da Silva Júnior

O pastor Horácio Júnior inicialmente exerceu um cargo interino, todavia, com esmero e competência, foi efetivado como diretor.

Sua gestão foi muito complicada, pois a crise financeira enfrentada anteriormente continuava evidente em sua gestão. O pastor Horácio foi responsável por manter em funcionamento a CPAD em uma época em que muitas empresas foram à falência em razão do fracasso do Plano Cruzado do governo brasileiro.

Araújo (2015) ressalta que Horácio foi responsável por reduzir as despesas da Casa Publicadora e, em meados de 1989, pôde anunciar que a CPAD vencera a crise financeira e que seria implantada uma nova estrutura administrativa. O diretor garantiu a presença da editora assembleiana na 11ª Bienal Internacional do Livro, em 1990, "para divulgar seu então maior sucesso, o lançamento da obra *História dos Hebreus*" (Araújo, 2015, p. 58). Outra medida adotada foi a criação de um serviço de *telemarketing* para vendas e, ainda, a implantação de "um sistema de franquia para a abertura de lojas da CPAD no Paraná, Minas Gerais, Rio Grande do Sul, Maranhão e Rio de Janeiro" (Araújo, 2015, p. 58). A rádio Harpa Cristã, com 640 hinos, e uma loja da CPAD com o nome de *Lírio dos Vales* foram inauguradas em Boston (EUA), como resultado da administração de Horácio.

A obra da nova sede iniciada por Custódio Rangel foi concluída por Horácio Júnior em 25 de janeiro de 1992. A partir de então, a CPAD foi transferida para a Avenida Brasil, em Bangu. A editora assembleiana realizou uma homenagem *post mortem* ao pastor Alcebíades Pereira Vasconcelos, designando, assim, o edifício com seu nome. A construção ocupava apenas 5 mil dos 16 mil metros quadrados do terreno com "três galpões cortados internamente por dois andares na parte frontal onde funcionavam os escritórios até o ano de 2000 quando foi inaugurado o moderno prédio administrativo" (Araújo, 2015, p. 61).

7.2.12 Gestão de Ronaldo Rodrigues de Souza

Em 4 de março de 1993, Ronaldo Rodrigues de Souza foi empossado no cargo de diretor executivo da CPAD. Em pouco mais de dois anos na posição, Ronaldo viu, no fim de 1995, a editora assembleiana lançar um dos seus maiores sucessos de vendas, a *Bíblia de Estudo Pentecostal* – um marco para a teologia assembleiana. Foram realizadas duas grandes cerimônias de lançamento. A primeira ocorreu na AD Belenzinho, da qual o pastor da Convenção Geral era (e continua sendo) presidente, e a segunda em Belém (PA), onde anos antes os missionários Gunnar Vingren e Daniel Berg deram início às ADs no Brasil.

Quatro anos mais tarde, essa publicação ganhou uma versão em CD-ROM e, em 2009, uma nova versão foi impressa: "sua primeira impressão, de 120 mil exemplares, esgotou-se em menos de 10 meses. As outras tiragens escoaram-se com a mesma rapidez. Desde a sua publicação, em 1995, já foram vendidos mais de 1 milhão e meio de exemplares" (Araújo, 2015, p. 64).

Outro ponto importante na gestão de Ronaldo de Souza foi a campanha nacional em favor da escola dominical. Araújo (2015, p. 65) narra:

> *A editora lançou uma campanha para a mobilização nacional em favor da Escola Dominical durante os anos de 1996 e 1997 intitulada Biênio da Escola Dominical. Um dos marcos foi a realização do 1º Encontro Nacional de Superintendentes da Escola Dominical, realizada no Rio de Janeiro, em 1996, com 700 participantes. Foi a primeira vez, em 85 anos de existência das Assembleias de Deus que obreiros ligados a ED foram convocados para discutir sobre o ensino bíblico dominical.*
>
> *[...] Também, durante o Biênio deu-se o início a congressos e seminários de Escola Dominical. Desde 1996 até 2014, haviam sido realizados sete congressos nacionais de Escola Dominical e 22 conferências regionais atendendo às necessidades educacionais das Assembleias de Deus.*

Em 1997, foi fundada a editora Patmos, "braço editorial da CPAD para os países de fala hispânica e latinos morando nos Estados Unidos, estabelecendo-se sua sede na Flórida" (Araújo, 2015, p. 66). Em outubro de 1999, foi lançada a revista da juventude assembleiana, a *Geração JC*. Em novembro de 1999, foi a vez da revista *Ensinador Cristão*. Em 14 de dezembro de 2000, foi inaugurado o moderno prédio administrativo: "para o corte da fita simbólica, foram convidados os pastores José Wellington e Ivar Vingren, filho do missionário sueco, fundador das Assembleias de Deus, Gunnar Vingren" (Araújo, 2015, p. 71). Na nova sede, no mesmo dia, foi inaugurado também um memorial das Assembleias de Deus no Brasil, num salão dentro do mesmo prédio administrativo da CPAD. Na oportunidade, o pastor Ivar Vingren discursou: "Quando vem a tempestade, ela fica firme. Até o dia de hoje, a Casa Publicadora tem permanecido e, se Deus quiser, permanecerá até a vinda do Senhor, porque seu trabalho está fundado na poderosa, maravilhosa e gloriosa Palavra de Deus. Tudo o que é de Deus permanece" (Araújo, 2015, p. 71).

Destaca-se ainda nessa gestão o considerável aumento das publicações. Houve uma dinamização e um crescente número de novas edições:

> *Passados dez anos de gestão, em 2002, a CPAD havia alcançado a liderança no lançamento de livros [...] Com apenas seis livros lançados na gestão de 1993, a Casa chegou a 60 em 2006. Em 2014, havia mais de mil títulos no catálogo, fora dezenas de outros produtos como certificados para cerimônias diversas, materiais para a Escola Dominical, CDs, vídeos e DVDs.* (Araújo, 2015, p. 73)

Atendendo à mídia digital, a Casa Publicadora lançou o portal CPADNews, que reporta notícias importantes na seara assembleiana e conta atualmente com seletos colunistas, que postam periodicamente textos voltados aos cristãos. Na gestão de Ronaldo Rodrigues, ainda em exercício, a expansão da CPAD é notória:

> *No total, a CPAD contava em 2015 com 15 filiais no Brasil. Somavam-se também a filial em Miami, a parceria com a CAPU em Portugal e a franquia no Japão. Além desses pontos de venda, a editora também conta*

com um exército de livrarias espalhadas em todo o Brasil, que trabalham em parceria na divulgação da Palavra de Deus. (Araújo, 2015, p. 86)

A Casa Publicadora inicialmente foi uma solução para uma necessidade dos obreiros assembleianos; contudo, foi crescendo e dando frutos; "ela se consolidou no mercado editorial, tornando-se uma das maiores editoras evangélicas da América" (Araújo, 2015, p. 89). Seu panorama é de uma empresa moderna, cujo diferencial está na preocupação com o crescimento e os anseios da denominação: "ela obteve avanços extraordinários nas áreas editorial, tecnológica, financeira, humana e espiritual" (Araújo, 2015, p. 89).

7.3 Cismas assembleianos

As ADs sofreram alguns cismas durante o período de institucionalização. No entanto, a maior parte deles foi de pequena relevância e não chegou a prejudicar o crescimento da Igreja. Nesta obra, optamos por apresentar o cisma das ADs de Madureira, ocorrido em 1989, por ser considerado o de maior relevância, e a cisão mais recente, ocorrida em 2010, provocada pelo desligamento do pastor Silas Malafaia, um dos mais conhecidos pastores das ADs no Brasil.

7.3.1 Cisma da Madureira

Paulo Leivas Macalão (1903-1982), natural de Santana do Livramento (RS), foi o responsável pelo primeiro cisma das ADs. Filho do general João Maria Macalão e de Joaquina Jorgina Leivas, foi instruído, primeiramente, na Escola Batista do Rio de Janeiro. Segundo Araújo (2007), essa instituição de ensino foi responsável por trazer dúvidas para Macalão a respeito de sua alma; o rapaz completou seu colegial no Colégio D. Pedro II. Influenciado pelo pai, tinha o desejo de se tornar militar e assim aconteceu.

Todavia, quando ainda estudava no tradicional Colégio D. Pedro II, por volta de 1923, a caminho da escola encontrou na calçada um folheto evangelístico, que continha um convite para participar dos cultos na Igreja de Deus, também conhecida como Igreja do Orfanato. O jovem Macalão decidiu visitar o local e, após o contato e o conhecimento que teve com os crentes ali presentes, tornou-se um admirador do Evangelho. Entre esses crentes, alguns conheciam os "famosos" pastores Gunnar Vingren e Daniel Berg.

Macalão começou a frequentar as reuniões de oração. Contudo, seu pai não aprovava sua atitude e rogou para que ele cortasse laços com o grupo. Entretanto, Paulo sabia que o contato com aquelas pessoas fizera sua vida mudar. Assim, no dia 5 de abril de 1924, mesmo contrariando a vontade de sua família, Macalão aderiu ao Evangelho. No dia 30 de abril do mesmo ano, ele e outros irmãos, reunidos na casa de Eduardo de Souza Brito,

> *resolveram organizar a primeira Assembleia de Deus no Rio de Janeiro, e, assim, de comum acordo, elegeram Heráclito de Menezes como pastor interino, João Nascimento como diácono e Paulo Leivas Macalão como secretário. A primeira pessoa a ser batizada nessa nova igreja foi a irmã Antonieta de Faria Miranda.* (Araújo, 2007, p. 438)

Macalão, pela prerrogativa de ser militar, pregava, muitas vezes, trajando sua farda. Em suas homílias, gritava muito. Alguns diziam que sua figura "espantava os irmãos". No dia 3 de junho de 1924, Gunnar Vingren chegou ao Rio de Janeiro para assumir a nova AD. Foi o próprio Vingren que batizou Macalão nas águas, tornando-o o segundo membro a constar no rol de membros da AD em São Cristóvão. Cinco meses depois de seu batismo nas águas, Paulo foi batizado no Espírito Santo, no dia 3 de novembro de 1924.

Paulo Macalão percebeu, então, que seu chamado não era servir ao Exército Brasileiro. Araújo (2007) conta que Macalão "deixou sua carreira militar e passou apenas a levar a Palavra de Deus". A partir de então atuou como evangelizador itinerante, levando a mensagem bíblica pentecostal a Realengo, Bangu, Campo Grande, Santa Cruz e Marechal Hermes. Pela convicção com que ele pregava contra o pecado, muitas vezes foi incompreendido. Em seguida, passou a empenhar-se nas pregações nos subúrbios. Araújo (2007) informa ainda que, por volta de 1929, Macalão havia ido pregar o Evangelho em Vaz Lobo, na casa de Balbino. A AD Madureira começou a formar-se ali. No ano seguinte, em 1930, o evangelismo de Macalão já rendera frutos. Na casa de Balbino já havia um bom número de crentes, então decidiram mudar-se para a Rua Borborema, 77, e depois para o número 13. Cabral (1998, p. 69) afirma:

> Em 1930 o missionário Gunnar Vingren, aproveitando a presença do líder sueco Pr. Lewi Pethrus, em visita ao Brasil, satisfeito com excelente trabalho e exemplar humildade e obediência, e recebendo orientação expressa do Espírito Santo, consagra Paulo Leivas Macalão ao pastorado, ainda solteiro e sem ter passado por outros cargos eclesiásticos.

Araújo (2007) acrescenta que, após seis anos de trabalho ininterrupto e a um mês de completar 27 anos, Macalão foi consagrado ao pastorado. O pastor Paulo Leivas Macalão casou-se com Zélia Brito no dia 17 de janeiro de 1934. O local escolhido foi a Assembleia de Deus de Bangu e o ministrante foi o pastor Samuel Nyström. O casal teve apenas um filho, Paulo Brito Leivas Macalão.

A vida de Macalão não foi marcada apenas pelo seu ministério evangelístico e pelo seu pastorado, mas também por outra obra: o hinário oficial das Assembleias de Deus no Brasil, a *Harpa Cristã*.

Araújo (2007) explica que Macalão é o autor com maior número de hinos na *Harpa Cristã*, entre os de sua composição e os que foram traduzidos das línguas francesa, italiana, inglesa, sueca e espanhola. Ainda, afirma que Paulo Leivas Macalão é um dos fundadores da CGADB. Nos anais desse órgão está registrada sua participação a partir da Convenção de 1933. Em 1937, ele foi eleito presidente da instituição. Nas convenções de 1941 e 1943, atuou como secretário. Atuou também como vice-presidente nas convenções de 1945, 1947, 1955, 1964 e 1966. Foi ainda conselheiro administrativo da CPAD por vários mandatos.

Sua labuta no evangelismo, no pastorado e na elocução não era reconhecida apenas pelos assembleianos. Macalão foi conselheiro da Sociedade Bíblica do Brasil, conselheiro vitalício da CPAD, presidente do Instituto Bíblico Ebenézer e da Convenção Nacional de Obreiros de Madureira. Segundo Araújo (2007, p. 439), Macalão

> *Morreu em 26 de agosto de 1982, aos 79 anos, deixando o Ministério da AD de Madureira com cerca de 200 pastores, 500 evangelistas, 2 mil presbíteros, 5 mil diáconos, 4 mil auxiliares, 6 mil músicos, 600 igrejas, mil congregações, 3 mil pontos de pregação e um total de 500 mil membros e congregados.*

Já Cabral (1998, p. 71) apresenta o testemunho da esposa de Macalão logo após o falecimento do marido:

> *Contou-nos a irmã Zélia, muito emocionada [...], que ela havia encontrado em meio a seus pertences muitas cartas de pessoas que haviam indisposto com ele, e sobre estas cartas estavam escritos: perdoados em nome de Jesus. Humilde no início e humilde no final, eis a lição.*

Em setembro de 1926, Paulo Leivas Macalão iniciou seu trabalho evangelístico nos subúrbios do Rio de Janeiro. Seu trabalho se desenvolveu principalmente nos "subúrbios da central, em Realengo, Bangu e Madureira, crescendo vertiginosamente" (Cabral, 1998, p. 69). Sete anos depois, o pastor inaugurou em Bangu uma das ADs no Rio de Janeiro, localizada à Rua Ribeiro de Andrade, 65. A grande alegria de Macalão foi avistar seu pai, o general João Maria Macalão, que estava presente na inauguração a parabenizar seu filho pela conquista na carreira cristã. Cabral (1998) assegura que, pouco tempo depois, o general faleceu, tendo aceitado contudo a dádiva da Salvação.

A igreja de Bangu hodiernamente pode ser visitada como patrimônio histórico das ADs. A Igreja cresceu de forma extraordinária, tanto no Estado do Rio de Janeiro como em São Paulo, Goiás e outros. No entanto, Cabral (1998, p. 73-75) assevera que "foi em Madureira, onde o trabalho fundado em 1929, passando por vários salões de cultos alugados e estabelecendo-se depois na Rua João Vicente, 7, que o crescimento acentuou-se vertiginosamente".

Após anos de batalhas ministeriais e eclesiásticas, em 1941 a AD de Madureira foi registrada como pessoa jurídica e passou a ter personalidade jurídica própria. Araújo (2007, p. 32) nos diz que a Convenção Nacional dos Ministros das Assembleias de Deus em Madureira nasceu após a inauguração oficial da ADs em Madureira, em 2 de maio de 1958. Paulo Macalão foi eleito pastor geral do Ministério da Assembleia de Deus em Madureira e Igrejas filiadas.

A criação da Convenção Nacional de Madureira criou uma série de conflitos convencionais. O artigo 7º do Estatuto da CGADB vedava aos seus membros vincular-se a mais de uma Convenção Nacional ou de caráter geral, com a mesma abrangência e prerrogativas da CGADB. Após exaustivos debates e tentativas de demover os pastores de Madureira em sua insistência em manter uma convenção nacional, contrariando o estatuto da CGADB, uma Assembleia Geral Extraordinária (AGE) foi marcada para solucionar o impasse. Essa AGE foi realizada em 5 de setembro de 1989, na cidade de Salvador (BA). Compareceram 1.656 pastores que deliberam pelo desligamento de todos os pastores inscritos na Convenção Nacional de

Madureira. De todos os presentes, apenas oito votos foram contrários ao desligamento. A resolução foi publicada na íntegra no *Mensageiro da Paz* de outubro de 1989. Porque até a presente data o Ministério de Madureira não reverteu seu posicionamento de manter uma convenção nacional paralela, seus ministros não mais pertencem à CGADB. Esse foi o primeiro e o mais significativo cisma assembleiano (Daniel, 2004).

Atualmente, a Convenção Nacional das Assembleias de Deus de Madureira (Conamad) é presidida pelo Bispo Manoel Ferreira. O cargo é ocupado de modo vitalício desde a Assembleia Geral Extraordinária realizada em 1º de maio de 1999. Essa condição está preconizada no artigo 93 do Estatuto da Instituição (Conamad, 2015).

A Convenção de Madureira é mantenedora proprietária da Editora Betel, que publica o Jornal *O Semeador* – órgão oficial da Conamad. A editora também é responsável pela produção de revistas para a escola dominical, além de livros e outros periódicos para o seu público (Cabral, 1998). Em 27 de dezembro de 1999, a Conamad transferiu sua sede e foro para Brasília, Distrito Federal. De acordo com Araújo (2007), em 2006, a convenção contabilizava 31.627 ministros registrados.

7.3.2 Cisma da Assembleia de Deus Vitória em Cristo

Em 2010, as ADs no Brasil presenciaram mais um cisma, que alcançou repercussão nacional em decorrência do pedido de desligamento do pastor Silas Lima Malafaia. O referido pastor é conhecido nacionalmente em virtude de ser o apresentador do programa evangélico de televisão denominado *Vitória em Cristo*, que está no ar há mais de 30 anos. Além de apresentar esse programa, Malafaia é conferencista famoso, líder da Assembleia de Deus Vitória em Cristo (ADVEC), presidente da Editora Central Gospel e da gravadora Central Gospel Music.

O pastor Silas Malafaia nasceu no Rio de Janeiro, em 14 de setembro de 1958, filho do pastor Gilberto Gonçalves Malafaia e Albertina Lima Malafaia. Aos 21 anos, no dia 2 de fevereiro de 1980, casou-se com Elizete Malafaia. Anos depois, foi ordenado evangelista e, mais tarde, tornou-se vice-presidente da Assembleia de Deus da Penha, igreja pastoreada pelo seu sogro, pastor José Santos. Em 5 de maio de 1982, estreou o programa de televisão *Renascer*, inicialmente patrocinado pela AD da Penha e, posteriormente, por outros colaboradores. O programa teve outros nomes, omo *Impacto*, e atualmente é conhecido como *Vitória em Cristo* (Araújo, 2007).

Em abril de 2009, por ocasião da 39ª Assembleia Geral Ordinária, o pastor Silas Malafaia foi eleito primeiro-vice-presidente da CGADB. Quase um ano depois, em 2 de março de 2010, após o falecimento de seu sogro, o pastor Silas Malafaia, por indicação do ministério local, herdou a presidência da Assembleia de Deus da Penha, cujo nome ele trocou para *Assembleia de Deus Vitória em Cristo*.

Em 13 de maio de 2010, cerca de 60 dias após ter assumido a liderança da Igreja que estivera sob os cuidados de seu sogro, Silas Malafaia requereu seu desligamento dos quadros da CGADB e apresentou carta de renúncia ao cargo de primeiro-vice-presidente da Convenção Geral. Na carta, ele justificou seu pedido acusando a diretoria da convenção de cometer e praticar "descalabro administrativo-financeiro" (Redação Gospel+, 2010). Além dessa carta de renúncia, no *site* oficial da Associação Vitória em Cristo (AVEC), o pastor esclarece aos membros da Igreja que sua saída da CGADB também se deve ao fato de ter assumido, repentinamente, o pastorado da Assembleia de Deus Vitória em Cristo – ADVEC (AVEC, 2010).

Ainda segundo o *site* oficial da denominação, a ADVEC tem cerca de 120 igrejas filiadas com pouco mais de 25 mil membros (ADVEC, 2016). Como é possível perceber, o cisma não é significativo pelo número de igrejas ou de membros filiados à ADVEC. A relevância é justificada pelo desligamento de um dos pastores de maior notoriedade das ADs no Brasil. A saída desse líder provocou certo desconforto, mas não gerou comoção ou atos de desagravo entre os líderes assembleianos. Não existem registros de pedidos de desligamento de outros líderes em decorrência da saída de Silas Malafaia.

7.4 Crescimento vertiginoso da Assembleia de Deus no Brasil

Desde seu nascedouro, as ADs surpreenderam a todos com o seu repentino e contínuo crescimento. A multiplicação de fiéis nos primeiros 40 anos de história foi impressionante. Em 1911, a Igreja contava com 20 membros; em 1950, já contabilizava 120 mil. Essa ascensão permaneceu e tornou a AD o maior movimento pentecostal no Brasil e no mundo. Em números atuais, os assembleianos ultrapassaram a casa dos 22 milhões de fiéis.

7.4.1 Das décadas de 1910 a 1950

Como relatado nos capítulos anteriores, a AD no Brasil nasceu de uma cisão da Igreja Batista de Belém, por causa da doutrina que os missionários suecos pregavam e testificavam, a saber, a contemporaneidade dos dons espirituais. Quando os missionários foram expulsos, o evangelista Raimundo Nobre, que pastoreava a Igreja Batista de Belém, também expulsou todos aqueles que tinham aderido ao movimento pentecostal. Foi assim que se iniciaram as ADs no Brasil: com base nos 18 irmãos que creram no agir do Espírito Santo e nos dois missionários suecos. Desde aquela época, como sabemos, o trabalho cresceu e se multiplicou.

Alencar (2013) evidencia esse crescimento das Assembleias de Deus até a década de 1950, conforme a tabela a seguir.

Tabela 7.1 – Crescimento das ADs nas décadas de 1910 a 1950

Parâmetros	1910	1920	1930	1940	1950
População do Brasil	23.414.177	30.635.605	37.675.436	41.236.315	51.944.397
Evangélicos	177.727 (1,1%)	–	–	1.074.857 (2,61%)	1.714.430 (3,35%)
Assembleias de Deus	20	–	13.511	50.000	120.00

Fonte: Adaptado de Alencar, 2013, p. 99.

De 1911, ano da fundação, a 1930, ano da primeira Convenção Geral, houve um crescimento notável: o número dos membros das ADs aumentou 700 vezes. Da primeira reunião convencional realizada em Natal, em 1930, até a comemoração dos 40 anos de existência do movimento pentecostal brasileiro, nas ADs, realizada em Porto Alegre, houve o crescimento vertiginoso de 888%. O crescimento dos primeiros 40 anos de história foi muito expressivo.

7.4.2 Das décadas de 1950 a 1980

A CGADB do Brasil, o órgão máximo das ADs no país, foi inscrita no cartório de registro de pessoas jurídicas em 1946, ou seja, 35 anos após a implantação da Igreja pentecostal em Belém do Pará. Posteriormente ao registro, as ADs começaram a se consolidar. Como explicamos na seção anterior, nos primeiros 40 anos de história das ADs no Brasil, seu crescimento foi extraordinário. Vejamos a análise desse crescimento das décadas de 1950 a 1980, conforme Alencar (2013), na tabela a seguir:

Tabela 7.2 – Crescimento das ADs no período de 1950 a 1980

Parâmetros	1950	1960	1970	1980
População Brasil	51.944.397	70.070.457	93.139.037	119.002.706
Católicos	49.606.899 (95,5%)	65.235.595 (93,1%)	85.775.047 (91,8%)	105.860.063 (89%)
Evangélicos	1.741.430 (3,35%)	2.824.775 (4,02%)	4.833.103 (5,02%)	7.885.846 (6,6%)
Assembleias de Deus	120.00 (0,23%)	407.588 (0,58%)	753.129 (0,81%)	* O censo de 1980 não computou igrejas separadamente

Fonte: Adaptado de Alencar, 2013, p. 175.

A consolidação das ADs começou após a personalização da CGADB, em 1946. A expansão da denominação continuou por decênios; na década de 1970, a população assembleiana alcançou quase 20% do total de protestantes no Brasil – quase 1% da população total do país.

Oficialização da denominação 221

7.4.3 Das décadas de 1980 a 2010

Conforme se observa na tabela a seguir, a Igreja cresceu de forma notável de acordo com os censos realizados pelo IBGE de 1991, 2000 e 2010.

Tabela 7.3 – Crescimento das ADs no período de 1990 a 2010

Parâmetros	1991	2000	2010
População do Brasil	146.814.061	169.870.803	190.732.694
Evangélicos	13.157.094 (9,0%)	26.452.174 (15,6%)	42.275.440 (22,1%)
Assembleia de Deus	2.439.770 (1,66%)	8.418.140 (4,95%)	12.314.410 (6,46%)

Fonte: Adaptado de Alencar, 2013, p. 222.

Em 1911, quando a população brasileira somava 23 milhões de habitantes, os missionários suecos ousaram fundar a Missão da Fé Apostólica com apenas 20 pessoas; em 2010, quando o número de brasileiros era cerca de 190 milhões, o IBGE (2010) contabilizou 12.314.410 membros das ADs no país.

7.4.4 Crescimento da Assembleia de Deus por região brasileira

Neste ponto, vale ressaltarmos o crescimento da AD no período de 1991 a 2010 nas diversas regiões do Brasil.

Na tabela a seguir, Alencar (2013) apresenta dados sobre esse crescimento.

Tabela 7.4 – Crescimento das ADs nas cinco regiões do Brasil

Região	1991	2000	2010	Crescimento 1991/2000	Crescimento 2000/2010
Norte	197.985	1.289.002	1.929.330	929%	47%
Nordeste	542.490	2.222.782	3.364.414	385%	56%
Sudeste	1.067.676	3.213.804	4.608.078	235%	45%
Centro-Oeste	216.641	278.619	1.176.678	238%	48%
Sul	414.963	902.933	1.235.908	121%	39%
Brasil – total	2.439.755	8.418.140	12.314.410	245%	46%

Fonte: Alencar, 2013, p. 324.

Concluímos, portanto, que as ADs no Brasil cresceram, se solidificaram, se multiplicaram e continuam a frutificar. Podemos afirmar que ela é a maior denominação pentecostal e a maior denominação evangélica do Brasil. Como veremos na sequência, no seu centenário, em 2011, a Igreja contava com mais de 12 milhões de membros.

7.5 Celebração do centenário

Para comemorar o centenário da fundação da Missão da Fé Apostólica, em 2011 foi realizado pela CGADB no

> mês de junho (e não apenas alguns dias do mês de junho, uma data específica): mês nacional de oração, EBD especial, Cultos da Centenária Ovelha, Campanhas Evangelísticas e Santa Ceia Especial [...] Já a igreja pioneira, em Belém do Pará, frisava a data de 16 a 18 de junho e um local específico. (Alencar, 2013, p. 303)

De acordo com Alencar (2013, p. 303-304), em Belém as comemorações foram no Estádio do Mangueirão e no Centro de Convenções, e "as pessoas [...] já entravam chorando e falando em línguas, principalmente as mulheres. O ufanismo dos 'Cem anos de vitória!', 'Cem anos de pentecostalismo!', 'Cem anos de AD'. 'Somos a geração do Centenário!' eram manchetes dos jornais diários". Alencar (2013, p. 304) ainda assinala que "o clímax dos cultos foi a coreografia no gramado, com quatro mil participantes formando um imenso mapa do Brasil, onde tochas de fogo saíam de Belém levando a mensagem pentecostal". As comemorações do centenário na igreja-mãe foram marcadas pela comoção dos irmãos, pela transmissão do culto ao vivo pela Rede Boas Novas, pelo público presente usando camisas com o rosto dos missionários Gunnar Vingren e Daniel Berg, pela presença do Espírito Santo e, ainda, pelo zelo dos irmãos em prepararem apresentações que ficaram na memória de diversos irmãos assembleianos.

O auge da festa do centenário ocorreu no dia 15 de novembro de 2011, na capital paulista, mais especificadamente no Estádio do Pacaembu. O culto estava marcado para as 19 horas, porém ônibus trazendo fiéis de todo o Brasil começaram a chegar às 15 horas, e desde esse horário houve um alvoroço de vozes, pois os fiéis entoaram hinos de adoração a Deus desde sua chegada até o início da cerimônia. O ministério da palavra ficou a cargo do superintendente geral das Assembleias de Deus dos Estados Unidos, pastor George Wood, que disse aos milhares ali reunidos: "O investimento feito há 100 anos com pouco recurso e apenas dois homens foi multiplicado por Deus em milhões". Compareceram ao evento muitas autoridades civis e eclesiásticas, milhares de pastores do Brasil e de outros países. No final, os fiéis saíram alegres e com a certeza de que nunca se esqueceriam daquele momento.

Síntese

Neste capítulo, constatamos que a imprensa escrita esteve presente na história das ADs desde o começo de suas atividades. Explicamos que ela foi amplamente utilizada pela Igreja para veicular a palavra de Deus, primeiramente por meio do jornal *Voz da Verdade* e, depois, pelo *Mensageiro da Paz*.

Também apresentamos a história da Casa Publicadora desde a sua fundação, motivada pela necessidade de levar a palavra aos fieis com qualidade, salientando que atualmente ela é a maior editora evangélica da América Latina. Ao final do capítulo, demonstramos em números o crescimento vertiginoso das ADs e da CPAD e relatamos os principais cismas ocorridos internamente. Evidenciamos, por fim, que tais cismas não frearam o largo crescimento dessa instituição pentecostal de tamanha relevancia.

Atividades de autoavaliação

1. A respeito dos veículos impressos de divulgação das ADs, classifique as afirmativas a seguir como verdadeiras (V) ou falsas (F):
   ( ) O primeiro jornal foi intitulado *Voz da Verdade*.
   ( ) O segundo jornal recebeu o nome *Boa Semente*.
   ( ) O terceiro jornal chamava-se *Som Alegre*.
   ( ) O quarto jornal foi designado *Mensageiro da Paz*.

2. Com relação à criação do jornal *Mensageiro da Paz*, assinale a alternativa correta:
   a) Na reunião de 1930, os convencionais decidiram fundir os jornais *Voz da Verdade*, *Boa Semente* e *Som Alegre*.

b) O jornal *Voz da Verdade* circulava havia 20 anos, o *Boa Semente*, 11 anos, e o *Som Alegre* fora criado há menos de um ano.

c) A proposta dos convencionais era juntar as forças dos jornais *Boa semente* e *Som Alegre* em prol de um único veículo de imprensa: o jornal *Mensageiro da Paz*.

d) O *Mensageiro da Paz* passou a ser redigido em São Paulo, sob a diretoria de Samuel Nyström e Gunnar Vingren.

3. Indique se as seguintes proposições sobre as publicações da Casa Publicadora das Assembleias de Deus (CPAD) são verdadeiras (V) ou falsas (F):

( ) A 18ª edição da *Harpa Cristã sem música*, lançada em 1953, alcançou a marca de 50 mil exemplares.

( ) A revista *Seara* foi responsável pela revelação de alguns talentos da Assembleia de Deus, entre eles Antônio Gilberto da Silva e José Apolônio da Silva.

( ) A *Harpa Cristã*, escrita unicamente pelo pastor Paulo Leivas Macalão, teve uma tiragem inicial, nos idos de 1980, de 400 mil exemplares.

( ) Em 1997, foi fundada a editora Patmos, braço editorial da CPAD para os países de fala hispânica e latinos que moram nos Estados Unidos.

4. Quanto à biografia de Paulo Leivas Macalão, assinale a alternativa correta:

a) Paulo Leivas Macalão (1903-1982) era natural do Rio de Janeiro (RJ), filho do general João Maria Macalão e de Joaquina Jorgina Leivas.

b) Macalão foi batizado por Vingren, sendo o primeiro irmão a constar no rol de membros da Assembleia de Deus de São Cristóvão.

c) Cinco anos depois de seu batismo nas águas, Paulo Macalão foi batizado no Espírito Santo, no dia 3 de novembro de 1924.

d) Após seis anos de trabalho ininterrupto e a um mês de completar 27 anos, Paulo Leivas Macalão, ainda solteiro, foi consagrado ao pastorado.

5. A respeito da celebração do centenário das ADs, classifique as afirmações a seguir como verdadeiras (V) ou falsas (F):

( ) A CGADB realizou os seguintes eventos no mês de julho de 2011: EBD especial, Cultos da Centenária Ovelha, Campanhas e Santa Ceia Especial.

( ) Em Belém, as comemorações foram no Estádio do Mangueirão e no Centro de Convenções, e as pessoas já entravam chorando e falando em línguas.

( ) O auge da festa do centenário ocorreu no dia 15 de novembro de 2011, no Estádio do Pacaembu (SP).

( ) A palavra no evento do Pacaembu ficou a cargo do superintendente geral das Assembleias de Deus dos Estados Unidos, pastor George Wood.

Atividades de aprendizagem

Questões para reflexão

1. A Casa Publicadora das Assembleias de Deus (CPAD) foi criada por uma necessidade interna da Igreja e também por uma determinação do presidente Getúlio Vargas, que, ao criar o Departamento de Imprensa e Propaganda, tornou obrigatório a todos os órgãos de impressa e propaganda o registro nesse órgão estatal, sob pena de fechamento. Não fosse essa imperiosa

intervenção estatal, a CPAD seria hoje a maior editora evangélica da América Latina?

2. Tratamos neste capítulo de alguns dos cismas ocorridos nas Assembleias de Deus. O mais significativo ocorreu em 1989, quando o Ministério da Madureira foi desligado da CGADB, pois mantinha uma convenção nacional paralela. Seria plausível, em tempos atuais, a fusão entre essas duas convenções assembleianas?

Atividade aplicada: prática

Pesquise na *Harpa Cristã* dez hinos de autoria de Paulo Leivas Macalão. Após selecionar os hinos, busque saber qual deles é o hino mais conhecido atualmente. Em seguida, disserte sobre a letra desse hino, principalmente com relação às doutrinas nele descritas.

capítulo oito

Teologia das Assembleias de Deus[1]

1 Os trechos bíblicos citados neste capítulo foram extraídos de Bíblia (1995).

08

Conforme constatamos em capítulos anteriores, ao longo dos primeiros anos de atividade das Assembleias de Deus (ADs), a formação de seus líderes se deu exclusivamente pela prática. O ensino teológico formal não era visto como uma necessidade. No entanto, isso não nos permite afirmar que os assembleianos não estudavam teologia, afinal, as semanas bíblicas e as escolas bíblicas eram realizadas para o estudo da Bíblia Sagrada. Desde a fundação da Igreja, a Escola Bíblica Dominical se fez presente com o objetivo de oportunizar o estudo das Sagradas Escrituras. Além disso, não podemos esquecer que, por meio da edição das revistas *Lições Bíblicas* e arrojado currículo bíblico, a Casa Publicadora das Assembleias de Deus (CPAD) contribuiu sobremaneira para a formação teológica assembleiana.

Com o crescimento da Igreja e a chegada de missionários norte-americanos, surgiram os seminários e os institutos teológicos, uma vez que a liderança da AD percebeu que o ensino teológico era extremamente necessário para a formação de seus obreiros. Ressaltamos que a criação desses seminários foi de extremo proveito para a educação teológica nas Assembleias de Deus. Contribuiu ainda para a sistematização teológica e doutrinária a criação de um órgão regulamentador: a Comissão de Educação Religiosa, mais tarde alçada à condição de Conselho de Educação e Cultura (CEC-CGADB), em plena atividade até os dias atuais.

8.1 Educação teológica

Como mencionado anteriormente, a educação teológica formal era considerada algo desnecessário na incipiente AD. Por isso, as instituições de ensino teológico foram inicialmente rejeitadas. No entanto, a partir de 1943, com a oficialização das Escolas Bíblicas, essa necessidade passou a ser discutida nas plenárias convencionais. As convenções gerais de 1946, 1948 e 1949 repudiaram qualquer iniciativa de criação de institutos teológicos. Com a intensificação dos debates, em 1959, o missionário John Peter Kolenda fundou a primeira instituição teológica: o Instituto Bíblico das Assembleias de Deus (Ibad).

8.1.1 Ensino teológico formal

A Assembleia de Deus no Brasil multiplicou-se e tornou-se majoritária ao longo do tempo – crescimento que, como referido, aconteceu sem que seus líderes recebessem uma instrução formal. Em outras palavras, o ensino teológico formal, com a estrutura de institutos, seminários e faculdades teológicas, não fez parte das primeiras décadas das ADs do Brasil (Alencar, 2013). No entanto, isso não significa que a Igreja descuidasse do estudo da Bíblia; o que se pode afirmar é que os estudos bíblicos não aconteciam no espaço acadêmico, mas em cultos e reuniões diversos.

Nas primeiras décadas da AD, o ensino teológico formal foi tratado de modo pejorativo. Como já vimos, os seminários eram chamados de *fábricas de pastores*. Sobre isso, destacamos o trecho de um artigo publicado no jornal *Mensageiro da Paz* na década de 1930, que reforçava a concepção crítica ao ensino teológico formal: "o melhor seminário para o pregador é de 'joelhos' perante a face do Senhor. Ali o Espírito Santo nos transmite os mais belos e poderosos sermões. Alleluia! S. Pedro não foi formado por nenhum seminário" (Mensageiro da Paz, 1931).

8.1.2 Escolas Bíblicas das Assembleias de Deus

Embora nas primeiras décadas de atividade a Igreja não tenha investido no ensino teológico formal, a tradição sueca trouxe as Escolas Bíblicas para as ADs. Desse modo, (de 4 de março a 4 de abril de 1922), na cidade de Belém (PA), ocorreu a primeira Escola Bíblica nas Assembleias de Deus do Brasil. Na prática, tratava-se de um curso teológico intensivo, porém não tinha essa nomenclatura. A segunda Escola Bíblica foi realizada em 1924. O resultado positivo das Escolas Bíblicas impulsionou a realização de diversas outras em todo o país. Sua oficialização pela Igreja aconteceu na Convenção Geral de 1943, em São Cristóvão, Rio de Janeiro, quando os pastores debateram sobre a necessidade do ensino teológico. Em 1946, na Convenção em Recife, o missionário John Peter Kolenda, mais conhecido no Brasil como JP Kolenda, asseverou sobre a necessidade da educação teológica formal. Entretanto, o assunto foi rejeitado. Na Convenção de 1949, o pastor José Bezerra da Silva propôs a criação de uma comissão para educação teológica. Essa proposta também foi rejeitada pelo plenário.

8.1.3 Criação de seminários

Como dissemos anteriormente, a tradição sueca e os obreiros brasileiros eram contrários à educação teológica formal desde o início das ADs no país. Os saudosos pioneiros tinham aversão à consagração de obreiros por titulação acadêmica, pois para eles o pastorado é um chamamento divino, não sendo necessários cursos para tal labuta. Por isso, havia (e ainda há) diversos "ensinos informais". Segundo essa concepção, um dos destacados pioneiros, Anselmo Silvestre, era "contra a fábrica de pastores", pelo perigo de alguns ficarem com as "cabeças cheias e o coração vazio" (Daniel, 2004, p. 381). Dessa forma, a criação de seminários teológicos era uma medida inviável nas primeiras décadas do pentecostalismo assembleiano.

Apesar da animosidade diante desse tema, a educação teológica vinha sendo debatida principalmente depois da oficialização das Escolas Bíblicas, em 1943, em São Cristóvão. Podemos citar, por exemplo, as Convenções Gerais de 1948 e 1966, que negaram o apoio e a criação para quaisquer institutos ou seminários bíblicos ligados às ADs no Brasil.

Araújo (2007, p. 387) apresenta alguns dos motivos alegados nas citadas reuniões convencionais: "Jesus vem breve e não há tempo nem urgência para estudar" e "o conhecimento espiritual, quem dá é o Espírito Santo", dentre outros argumentos que inviabilizavam a criação de seminários teológicos. Contudo, a chegada de missionários americanos reacendeu o debate sobre o tema.

Como resultado, em 1959, foi fundada a primeira instituição teológica: o Instituto Bíblico das Assembleias de Deus (Ibad).

Essa instituição abriu caminho para outros seminários. Em 1961 e 1962, foram criados outros dois seminários. Apesar disso, a Convenção Geral em 1966 negou-se em dar apoio oficial às instituições teológicas.

8.1.4 Instituto Bíblico das Assembleias de Deus (Ibad)

O missionário brasileiro João Kolenda Lemos e sua esposa, a americana Ruth Dorris Lemos, fundaram o Instituto Bíblico das Assembleias de Deus (Ibad) na cidade de Pindamonhangaba (SP).

Os dois se conheceram na Central Bible College, em Springfield, Missouri (EUA), onde ambos cursavam o seminário teológico. Depois de casados, em 27 de junho de 1958 desembarcaram na cidade do Rio de Janeiro e pensaram em fundar imediatamente um seminário bíblico. No entanto, após receberem algumas informações, perceberam que não encontrariam nos irmãos receptividade para a ideia. Araújo (2007, p. 421) assinala o clima de oposição: "quem quisesse fazer isso seria excluído das Assembleias de Deus".

O temor de serem excluídos da AD não impediu que João e Ruth dessem continuidade ao projeto. Depois de uma temporada de férias nos Estados Unidos, o casal retornou ao Brasil convicto da necessidade de criação do seminário.

Araújo (2007) explica que nesse tempo já havia uma pequena abertura; formaram, então, uma equipe de pastores brasileiros e missionários, que foi chamada de *Comissão do Instituto Bíblico*. Com o apoio dessa equipe, o casal Lemos enxergou a possibilidade de abrir o instituto bíblico:

> com ajuda de João de Oliveira, então pastor da AD em Pindamonhangaba, alugaram uma casa duplex na Rua São João Bosco 476, no bairro Santana,

onde passaram a morar num lado e no outro iniciaram as aulas no Instituto Bíblico das Assembleias de Deus (Ibad), em 18 de março de 1959, com oito alunos. Em 7 de março de 1960, o Ibad foi transferido para o atual endereço, na Rua São João Bosco 1.114, numa chácara de 17 mil metros quadrados. Nessa época, as duas filhas gêmeas do casal, Rachel e Rebekah Joyce, tinham apenas 17 dias de nascidas. (Araújo, 2007, p. 421)

Tratava-se da primeira instituição de ensino teológico formal e permanente, com aulas presenciais e regime de internato, no âmbito das ADs. Embora tivesse no nome a expressão *Assembleias de Deus*, a fundação do Ibad foi iniciativa do casal Lemos, e não uma iniciativa institucional e oficial da denominação. De qualquer modo, o pioneirismo do instituto abriu caminho para outras entidades. Em 1961, foi criado o Instituto Bíblico Ebenézer (IBE), no Rio de Janeiro. Em 1962, também no Rio de Janeiro, foi fundado pelo missionário N. Lawrence Olson o Instituto Bíblico Pentecostal (IBP). Em 1976, o missionário americano Bernard Johnson Jr. fundou a Escola de Educação Teológica das Assembleias de Deus (EETAD). Após a criação de diversos seminários e institutos bíblicos, em 1971, a Convenção Geral das Assembleias de Deus no Brasil (CGADB) criou a Comissão de Educação Religiosa com o propósito de normatizar a educação teológica nas Assembleias de Deus. Dois anos após a criação dessa comissão, o Ibad obteve seu reconhecimento perante esse órgão.

O Instituto hodiernamente tem alojamentos separados para o público masculino e o feminino, com cerca de 300 vagas para os solteiros e, ainda, uma vila para os casados. Já formou cerca de 3 mil pastores e missionários brasileiros e estrangeiros e continua sendo um instituto de referência das Assembleias de Deus no Brasil.

8.1.5 Instituto Bíblico Pentecostal (IBP)

O IBP foi o primeiro seminário bíblico fundado em caráter oficioso pelas Assembleias de Deus. O instituto funcionava na sede da CPAD no Rio de Janeiro.

Araújo (2007) informa que as atividades do instituto tiveram início no dia 4 de dezembro de 1961, com o Curso Bíblico Noturno Peniel, que acontecia no segundo andar de um prédio na Rua Carolina Machado, 88, em Cascadura, na cidade do Rio de Janeiro. Foi fundado pelo missionário americano N. Lawrence Olson e pelo pastor Gilberto Gonçalves Malafaia.

O principal objetivo do instituto era oferecer o estudo sistemático da Bíblia aos obreiros e interessados na Palavra de Deus que trabalhavam e pastoreavam e, assim, não podiam ir ao seminário em forma de internato. Por isso, as aulas eram ministradas no período noturno. Em 1970, a Missão das Assembleias de Deus Norte-Americanas comprou um prédio na Rua Licínio Cardoso, 436, no Bairro de São Francisco. A partir desse ano, o Instituto Bíblico Pentecostal mudou-se para o referido endereço. Segundo Araújo (2007, p. 389), "o IBP foi responsável pela formação de boa parte dos líderes das Assembleias de Deus no Rio de Janeiro e de diversas outras denominações evangélicas, estendendo sua influência sobre todo o país".

8.1.6 Instituto Bíblico Ebenézer (IBE)

O IBE foi fundado na cidade do Rio de Janeiro, em 19 de outubro de 1972, por Paulo Leivas Macalão, que inicialmente era contrário ao ensino teológico formal, mas depois percebeu a necessidade de preparação dos obreiros. Com o propósito de capacitar essas pessoas para desbravar os campos missionários, Macalão criou uma instituição de ensino bíblico-teológico com ênfase missionária. O IBE continua em funcionamento e é uma instituição de tradição que há mais de 30 anos promove o ensino teológico. A instituição permanece com sede no Rio de Janeiro, com unidades no Brasil e no exterior. Até hoje o IBE já formou mais de 3 mil obreiros.

8.1.7 Escola de Educação Teológica das Assembleias de Deus (EETAD)

A história da EETAD é revestida de singularidade. Começou com o missionário americano Bernhard Johnson Jr., que morava no Brasil e cursava o quarto ano de Engenharia em Minas Gerais, quando teve uma visão divina do seu chamado. Após essa visão, deixou os estudos das ciências exatas e decidiu cursar Teologia no Central Bible College, nos Estados Unidos. No seminário, conheceu a jovem Doris Buckett, com quem se casou um ano depois.

Em 1957, Johnson Jr. voltou ao Brasil e participou da fundação do Instituto Bíblico das Assembleias de Deus (Ibad). Profundo conhecedor dos prós e contras dos seminários de cunho presencial, Johnson percebeu que muitos obreiros estavam impedidos de comparecer às aulas. Por motivo de trabalho e também pela distância, esses obreiros não podiam permanecer no internato, como acontecia no Ibad, e também não tinham tempo para o curso noturno como o oferecido pelo IBP. Então, em 1976, visionário e inovador, resolveu fundar um ensino teológico a distância. Com esse propósito, fundou a Escola de Educação Teológica das Assembleias de Deus (EETAD) para "oferecer curso bíblico-teológico a obreiros e leigos das regiões afastadas dos grandes centros urbanos do país que não têm oportunidade de frequentar cursos teológicos com aulas presenciais" (Araújo, 2007, p. 283).

A EETAD foi oficializada no dia 5 de janeiro de 1979, em Campinas (SP). Na Convenção Geral realizada em Porto Alegre, em 1979, o Conselho de Educação e Cultura da CGADB reconheceu formalmente a EETAD.

Araújo (2007) apresenta a dimensão alcançada pela EETAD. Na década de 2000 "somavam mais de 30.000 alunos formados no Curso Básico de Teologia, e 16.000 alunos estudando regularmente em mais de 400 núcleos de ensino instalados nas igrejas evangélicas do Brasil e do exterior" (Araújo, 2007, p. 283).

8.1.8 Faculdade Evangélica de Tecnologia, Ciências e Biotecnologia da CGADB (FAECAD)

De 15 a 19 de janeiro de 2001, a CGADB reuniu-se em Brasília (DF). Na ocasião, o pastor Íris Goulart Seixas, então presidente do Conselho de Ação Social da CGADB, propôs a criação da Universidade das Assembleias de Deus a fim de propagar o ensino bíblico-teológico. A proposta foi aceita e uma comissão foi nomeada para tratar do assunto (Daniel, 2004).

Dois anos mais tarde, em 2003, a CGADB convocou uma Assembleia Geral Extraordinária (AGE) para discutir as mudanças do novo Código Civil, que fora promulgado em janeiro de 2002 com *vacatio legis*[2] de um ano. Nessa AGE, realizada entre 18 e 21 de agosto em São Paulo, a comissão de criação da Universidade da Assembleia de Deus apresentou seu relatório. Os diretores responsáveis discorreram acerca do andamento do processo e marcaram para 2004 o início das atividades da universidade (Daniel, 2004).

---

2   Prazo predeterminado que dita que os efeitos da norma jurídica específica promulgada ficarão suspensos até o findar do lapso temporal determinado.

Em virtude dos trâmites legais, o prazo estipulado expirou. Porém, no dia 30 de julho de 2005, o Ministério de Educação expediu o ato regulatório de credenciamento da Faculdade Evangélica de Tecnologia, Ciências e Biotecnologia da CGADB (Faecad), antes designada *Universidade da Assembleia de Deus*.

A sede da FAECAD está localizada na Avenida Vicente de Carvalho, 1.083, Rio de Janeiro-RJ. A Instituição de ensino conta com quatro cursos de graduação credenciados no MEC. O bacharelado em Teologia, que teve início em agosto de 2005 e licenciatura em Pedagogia, autorizado em 2011. Os cursos de bacharelado em Direito e bacharelado em Administração, ambos autorizados pelo MEC em 2005, até a presente data não estão sendo oferecidos pela FAECAD. Além dos cursos de graduação, a Instituição ainda oferece cinco cursos de especialização, sendo eles: Administração Eclesiástica, História de Israel, História da Igreja, Ciências da Religião e Teologia do Novo Testamento. (Araújo, 2007, p. 595)

O credenciamento da Faecad no Ministério de Educação foi um grande marco para a história das ADs. O símbolo e o significado dessa conquista demonstram a evolução da mentalidade assembleiana no tocante ao ensino teológico formal. Se outrora esse modelo de ensino foi rejeitado, percebemos que em tempos modernos ele é festejado. Indica que a AD não se encontra alienada, mas consciente e atualizada no que se refere à importância da educação teológica.

8.2 Escola Bíblica Dominical (EBD)

A Escola Bíblica Dominical (EBD) se fez presente nas ADs desde os primeiros meses da fundação da Igreja. Em agosto de 1911 iniciaram-se as reuniões dominicais matutinas para o estudo da Bíblia Sagrada. Em 1919, o jornal *Boa Semente* trazia um suplemento para ser usado como lição da EBD. As primeiras lições destinavam-se aos jovens e adultos. O material específico para as crianças surgiu em 1940.

Como veremos adiante, a força do ensino bíblico e da unidade doutrinária das ADs repousa ainda hoje em sua dinâmica e atuante EBD.

8.2.1 Contexto histórico

Em 1780, na cidade de Gloucester, no Centro-Oeste da Inglaterra, o jornalista e protestante anglicano Robert Raikes concluiu que era necessário criar um aparato para as crianças de sua região, ao perceber que aos domingos elas ficavam ociosas, e algumas chegavam a praticar diversos crimes e iniquidades.

Raikes, que já visitava a penitenciária local e realizava um trabalho de recuperação dos internos, inferiu que, se nada fosse feito pelas crianças, o futuro delas também seria a clausura. Ao conscientizar-se dessa situação, decidiu criar uma escola gratuita para propiciar oportunidades àquelas crianças. A ideia era visionária, porque naquela época não existia escola pública na Inglaterra.

A escola de Raikes fora idealizada para alfabetizar e ensinar matemática, linguagem e, principalmente, religião e valores morais para as crianças. Raikes publicou em seu jornal aquela ideia, convocou voluntários para esse projeto e conseguiu quatro professoras.

A partir dessa data, Raikes e sua equipe fundaram a Escola Bíblica Dominical, que nos seus primeiros quatro anos de fundação atendeu 250 mil alunos.

A EBD chegou ao Brasil em 1836 por intermédio do reverendo Justin Spaulding, da Igreja Metodista, que a instituiu no Rio de Janeiro. Ela não seguia, porém, o modelo da escola de Raikes, pois o público-alvo não eram as crianças, mas os adultos. Posteriormente, no dia 19 de agosto de 1855, em Petrópolis (RJ), o casal de missionários escoceses independentes Robert e Sarah Kalley inaugurou uma EBD seguindo o modelo de Raikes. Na primeira reunião, compareceram apenas cinco crianças. Esse evento é considerado oficialmente a fundação da EBD no Brasil.

8.2.2 Escola Bíblica Dominical nas Assembleias de Deus

A primeira EBD na AD aconteceu em agosto de 1911, na casa do irmão José Batista Carvalho, em Belém (PA). Seu modelo é o de reuniões dominicais matutinas para o estudo sistemático da Bíblia Sagrada.

Com o crescimento da igreja, foi necessária a uniformização do conteúdo a ser ensinado nas EBD. Na década de 1920, quando começou a circular no Brasil o jornal *Boa Semente*, as edições traziam um suplemento com as lições a serem ministradas dominicalmente nas ADs. Esse jornal foi a pedra fundamental da atual revista *Lições Bíblicas*, editada pela CPAD.

Inicialmente, a revista era destinada somente para jovens e adultos e era comentada pelos missionários suecos Samuel Nyström e Nils Kastberg. As primeiras revistas para crianças só surgiram na década de 1940, por meio de Emílio Conde, que realizou o sonho de Robert Raikes em terras brasileiras.

A EBD nas ADs no Brasil sempre foi um hábito. A igreja cresceu em torno dela. Hodiernamente, a AD e sua editora, a CPAD, são conhecidas pelo dedicado trabalho realizado na Escola Bíblica Dominical.

8.2.3 Currículo da Escola Bíblica Dominical

O pastor Antonio Gilberto, autor da obra *Manual da Escola Dominical*, apresenta o seguinte lema para o trabalho com os alunos: a) cada aluno um crente salvo; b) cada salvo, bem treinado; e c) cada aluno treinado, um obreiro ativo, diligente, dinâmico (Gilberto, 2008). Esse tríplice objetivo da EBD pode ser resumido em três frases: **aceitar a Jesus; crescer em Jesus; servir a Jesus** (Gilberto, 2008). Diante desses objetivos, percebe-se a grande responsabilidade dos professores e a necessidade de um currículo adequado para o cumprimento de tão nobre tarefa.

Para alcançar esse objetivo, a CPAD tem se esmerado na apresentação de um currículo compatível com as necessidades da Igreja. Em 2015, quando a CPAD completou 75 anos desde sua criação, um novo currículo foi apresentado ao público assembleiano. Antes dividido em dois segmentos, infantojuvenil e adulto, o currículo ganhou mais um material exclusivo para o público jovem (a partir dos 18 anos). Eis a composição do novo currículo:

> *Divididas por faixa etária, as publicações da CPAD para a Escola Dominical somam 12 revistas, que são: Berçário, Maternal, Jardim de Infância, Primários, Juniores, Pré-adolescentes, Adolescentes, Juvenis, Jovens, Adultos, Novos Convertidos "Discipulando" e "O caminho para o céu" – desenvolvido para os não crentes [...] O novo currículo das Revistas Lições Bíblicas traz novidades no layout e no conteúdo, dando mais dinamismo na metodologia de ensino e cor para atrair o público*

infantojuvenil, porém buscando informar com clareza e exatidão a Palavra de Deus na ortodoxia pentecostal [...]. Hoje, com o avanço da tecnologia, as igrejas recebem um material de qualidade com ensinamentos que valem por toda [a] vida. Além disso, a CPAD oferece gratuitamente em seu site de Escola Dominical um vasto material de apoio ao professor. (Lole, 2014)

Conforme podemos constatar, a AD brasileira é reconhecida pelo grande investimento no ensino bíblico realizado na EBD. O projeto de Raikes alcançou diversos rincões do Brasil por meio das Lições Bíblicas. O estudo sistemático da Bíblia Sagrada foi acessado por muitas pessoas graças à veiculação nas revistas da EBD, editadas pela CPAD.

8.3 Teologia assembleiana

Considerando os estudos teológicos publicados e a posição soteriológica e escatológica adotada pela Igreja, é possível identificar a presença da teologia arminiana nas ADs, embora a instituição nunca tenha declarado isso oficialmente. No entanto, em épocas recentes, a CPAD vem editando obras e publicando diversos artigos em seus periódicos a favor do arminianismo. No credo das ADs no Brasil, constituído de 14 artigos (ver Anexo), também está evidenciada a teologia arminiana.

8.3.1 Pressupostos da teologia assembleiana

Segundo o *Dicionário Bíblico Wycliffe* (Pfeiffer; Vos; Rea, 2008, p. 1910), o termo *teologia* "se origina de duas palavras gregas: *theos*, 'Deus', e *logos*, 'palavra', e quando composto significa o estudo ou ciência de Deus". Adicionamos que o termo assembleiano diz respeito a seu uso, ou seja, às Assembleias de Deus. Então, a expressão *teologia assembleiana* pode ser definida como o estudo de Deus pelos membros das ADs.

A teologia assembleiana tem duas fases distintas no Brasil: a primeira vai da fundação da denominação, em 1911, até o final dos anos 1940, e é destacada pela atuação dos missionários escandinavos (suecos, noruegueses e finlandeses); e a segunda começa por volta de 1950 e se estende até a contemporaneidade. O destaque dessa segunda fase está no trabalho dos missionários norte-americanos.

Como já sabemos, a AD foi fundada por dois escandinavos, Gunnar Vingren e Daniel Berg, em 1911. O primeiro tinha formação teológica pelo Seminário Batista de Chicago; contudo, os dois missionários tinham uma grande influência da teologia escandinava, por isso, nos primeiros anos de AD no Brasil, foram amplamente divulgados a teologia e os costumes das Igrejas escandinavas. Barbosa (2012, p. 43) esclarece:

Até a década de 1940 os missionários suecos orientavam teologicamente a igreja, através de artigos nos periódicos e através das lições bíblicas para Escola Dominical. Nesse período o grande doutrinador foi o missionário Samuel Nyström (1891-1960). O missionário Samuel Nyström era um talentoso pregador e um primoroso ensinador. Dotado de elevada cultura falava além do sueco, português e o inglês, com fluência, bem como entendia o grego e o hebraico. Sua participação na edificação da obra pentecostal no Brasil foi providencial, foi o pastor que mais vezes exerceu a presidência da CGADB.

Nyström, sem dúvida alguma, foi o teólogo que mais influenciou as ADs do Brasil nos primeiros 40 anos de história: "lendo-se as páginas do jornal *Mensageiro da Paz* do final dos anos 30 e início dos anos 40, vê-se que, nas escolas bíblicas de obreiros pelo país, o nome de Nyström era, permanente [...] especialmente sobre o dispensacionalismo" (Araújo, 2007, p. 558). Ainda influenciaram na teologia assembleiana nesse período os missionários Gunnar Vingren, Nils Kastberg, Otto Nelson, Nels Julius Nelson e Joel Carlson. Em fins dos anos 1940, as ministrações dos missionários escandinavos começaram a decair. Com a chegada de missionários norte-americanos, iniciou-se um novo período na teologia assembleiana. Foram eles que criaram os primeiros institutos bíblicos e sistematizaram as doutrinas bíblicas. Destacaram-se a partir dessa época os teólogos norte-americanos Lawrence Olson, Leonard Pettersén, Theodoro Stohr e John Peter Kolenda. Araújo (2007, p. 558-559) assevera:

> No final dos anos 40 e início dos anos 50, despontam notadamente nas escolas bíblicas pelo país os nomes dos missionários norte-americanos. Pode-se dizer que, nesse período, inicia-se o processo de cristalização da teologia pentecostal no Brasil, pois somente com os missionários norte-americanos houve uma sistematização maior das doutrinas bíblicas na AD.

8.3.2 Teologia dispensacionalista

A doutrina das dispensações, conhecida como *dispensacionalismo*, é assim definida por Andrade (2004, p. 147): "período de tempo no qual Deus se revela de modo distinto e particular ao ser humano".

Os principais expositores dessa doutrina são Pierre Poiret (1646-1719), John Edwards (1703-1758), Isaac Watts (1674-1748), James M. Gray (1851-1935), Gyrus Ingerson Scofield (1843-1921) e Charles Hodge (1797-1878). Conforme elucida Araújo (2007, p. 611), o dispensacionalismo "foi popularizado nos Estados Unidos pelos comentários de John Nelson Darby e tem entrado em milhões de lares através da Bíblia de referência Scofield (1909)".

Entre os teólogos que ensinam o dispensacionalismo não há consenso acerca do número de dispensações; a obra que mais influenciou o dispensacionalismo nas ADs, a Bíblia de referência Scofield, assevera que Deus, na sua soberania, instituiu na terra sete dispensações. Charles Hodge assegura, ao contrário, que Deus instituiu apenas quatro dispensações.³

Nas ADs no Brasil, essa crença foi proclamada⁴, principalmente, pelo missionário sueco Samuel Nyström. Os escandinavos criam nessa doutrina, então, nas Convenções Gerais, nas Escolas Bíblicas, nas Semanas Bíblicas e em outras oportunidades, ensinavam aos brasileiros que Deus tem tratado os seres humanos de forma diferente desde a era adâmica, mas que a graça sempre esteve presente: "se Adão foi salvo na dispensação da consciência, foi salvo pela graça [...] Sem a graça, ninguém haveria de ser salvo" (Andrade, 2004, p. 147).

Daniel (2004) comenta que, na primeira Semana Bíblica, em 1939, após empossado como presidente, Samuel Nyström ministrou

---

3   *Dispensação* refere-se ao modo divino de se relacionar com a humanidade em diferentes períodos da história. Os teólogos não concordam sobre a quantidade de dispensações, alguns creem que sejam sete: (1) inocência; (2) consciência; (3) governo humano; (4) promessa; (5) lei; (6) graça e (7) reino. Todavia, os teólogos reformados em geral rejeitam as dispensações da consciência e do governo humano. Hodge classifica as dispensações em quatro: (1) Adão a Abraão; (2) Abraão a Moisés; (3) Moisés a Cristo; e (4) a dispensação do Evangelho (Pfeiffer; Vos; Res, 2008, p. 566).

4   As Assembleias de Deus no Brasil adotaram a teologia das sete dispensações, explicitada na nota anterior. Para Andrade (2004, p. 147), "De acordo com esta doutrina, a atividade de Deus, na história, acha-se dividida em sete dispensações. Acrescenta ainda Scofield que o Senhor Deus possui dois planos distintos: um para Israel e outro para a Igreja".

um estudo bíblico aos convencionais reunidos no Rio de Janeiro a respeito das dispensações. João de Oliveira, que fora secretário naquela convenção, assim relata a ocasião:

> Os estudos bíblicos foram dirigidos pelo nosso irmão Samuel Nyström [sic] [...] Estudamos acerca das dispensações no Velho e no Novo Pacto. É-me impossível descrever o que foram esses estudos. As verdades a cada dia apresentadas giravam em torno do assunto supracitado. Na medida em que os assuntos chegavam à luz da realidade, as nossas almas enchiam-se de gozo e de novas esperanças, a fim de trabalharmos com mais dedicação na causa augusta do Mestre Jesus. (Daniel, 2004, p. 153)

O pastor norte-americano N. Lawrence Olson também foi responsável por divulgar essa doutrina nas ADs no Brasil. Olson traduziu o livro *Conhecendo as doutrinas da Bíblia*, do dispensacionalista Myer Pearlman, e ainda publicou o livro *Plano divino através dos séculos*, que retrata diretamente essa doutrina. Esse livro até hoje é publicado pela CPAD e já vendeu mais de 100 mil cópias (Barbosa, 2012).

8.3.3 Teologia arminiana

O termo *arminiano* ou *arminianismo* deriva do nome do exímio teólogo Jacobus Arminius (1560-1609). Essa doutrina estuda principalmente a soteriologia e, especificadamente, a mecânica de salvação.

Araújo (2007, p. 28) explica que "a maioria dos pentecostais tende ao sistema arminiano de teologia, principalmente quanto à necessidade de o indivíduo pessoalmente aceitar o Evangelho e o Espírito Santo". Andrade (2004, p. 62) afirma que a doutrina de Arminius pode ser resumida em cinco pontos:

1) A predestinação depende da forma de o pecador corresponder ao chamado da salvação. Logo: acha-se fundamentada na presciência divina; não é um ato arbitrário de Deus. 2) Cristo morreu, indistintamente, por toda a humanidade, mas somente serão salvos os que creem. 3) Como o ser humano não tem a capacidade de crer, precisa da assistência da graça divina. 4) Apesar de sua infinidade, a graça pode ser resistida. 5) Nem todos que aceitaram a Cristo perseverarão.

Claudionor de Andrade (2004) ensina que a teologia arminiana é contra os dogmas da eleição condicional e da graça irresistível, que a doutrina agostiniana e calvinista pregam. Assim, Arminius proclama o livre-arbítrio humano como dádiva dada por Deus e ainda presente na sociedade, e não como dádiva existente apenas até a queda do ser humano. Champlin (2002, v. 1, p. 287-288) afirma:

As doutrinas da eleição, da reprovação e da graça irresistível aparecem, realmente, nas páginas do Novo Testamento. Mas também são doutrinas neotestamentárias as noções contrárias do livre-arbítrio humano, do desejo divino que todos os homens sejam salvos, da propiciação ilimitada, do supremo amor de Deus, e da responsabilidade humana. Encontramos nesse conflito um paradoxo, porque a verdade é mais ampla que qualquer de seus elementos constitutivos. [...] Há verdades divinas que ultrapassam o calvinismo e o arminianismo. Essas verdades sempre figuraram as páginas do Novo Testamento, tendo sido reconhecidas por outros ramos da Igreja cristã.

Até o presente, a AD no Brasil nunca declarou oficialmente por meio de suas confissões que sua teologia seja arminiana. No período pós-centenário, a Convenção Geral nomeou a Comissão do Credo para ratificar a confissão de fé assembleiana. Até o término dessa obra, a Comissão do Credo ainda não tinha exarado parecer. Todavia, a temática básica do estudo teológico e a escatologia assembleiana são de conotação arminiana. Atualmente, a CPAD adota definitiva e explicitamente a teologia de Arminius; tanto que, em 2015, publicou as obras originais de Jacobus Arminius em português, algo inédito até aquele momento[5]. Além disso, estão sendo publicados diversos artigos em seus periódicos a favor do arminianismo.

8.3.4 Batismo nas águas

O batismo nas águas é uma das ordenanças de Jesus Cristo (Mateus, 28: 19) aos novos convertidos. É o momento em que o converso confessa em público que está aderindo aos ensinamentos de Cristo. Andrade (2004) assegura que "o batismo não tem poder regenerador; é símbolo de regeneração (Tito 3.5)".

Desde a fundação das Assembleias de Deus no Brasil, o tema tem sido motivo de embate, principalmente pelo modelo do batismo. Comumente três modelos são adotados pelos cristãos: o primeiro é por imersão, o outro por aspersão e o último por efusão (derramamento).

Champlin (2002, v. 1, p. 460) revela que "o modo original de batismo era a imersão, conforme é deixado bem claro por Paulo, em Romanos 6. 3, 4". A AD no Brasil zelou por essa doutrina, e na Convenção Geral de 1933 a mesa diretora emitiu uma resolução para definir o modo e os critérios para o batismo assembleiano: "Esta Convenção resolveu considerar válido, nas Assembleias de Deus, o batismo por imersão efetuado em igrejas por nós consideradas

---

5 A CPAD traduziu a obra *The Works of James Arminius*, que traz diversos escritos de Arminius, da qual destacamos sua declaração de sentimentos, apologia contra 31 artigos difamatórios, textos de 79 debates privados, dissertação sobre a Carta de Paulo aos Romanos e outros.

cristãs, quando o mesmo foi administrado aos que houverem nascidos de novo" (Daniel, 2004, p. 78).

Em outros termos, as ADs no Brasil, desde o início de sua fundação, pautaram-se no batismo por imersão. Nas Convenções Gerais de 1936, 1949, 1968 e 1977, houve novamente a discussão sobre o batismo nas águas, contudo, a posição permaneceu sempre a mesma: batismo por imersão como ato de confissão e contrição.

8.4 Contemporaneidade dos dons espirituais

A validade dos dons espirituais para os dias atuais é doutrina fundamental para o pentecostalismo. A doutrina dos dons espirituais e o batismo no Espírito Santo com evidência inicial de falar noutras línguas são a ênfase principal do movimento pentecostal. Cabe ressaltar que as demais doutrinas bíblicas não são desprezadas e ocupam o mesmo grau de importância na teologia e no ensino bíblico. No entanto, os pentecostais recusam a vida cristã sem a experiência vivida pela igreja primitiva e, por isso, dedicam-se a buscar uma vida controlada pelo Espírito Santo.

8.4.1 Palavras descritivas

A AD mantém o foco pentecostal no pressuposto da contemporaneidade dos dons espirituais. Os textos bíblicos utilizados são as epístolas de Paulo às Igrejas em Roma, Corinto e Éfeso (Romanos 12; I Coríntios 12; Efésios 4). Nessas epístolas, Paulo escreve acerca do exercício dos dons e da unidade e diversidade no corpo de Cristo – a Igreja.

Em Romanos 12: 6, o vocábulo grego utilizado é *charismata* (graças espirituais) e, com exceção do texto de I Pedro 4: 10, é um termo cunhado exclusivamente pelo apóstolo Paulo em todo o Novo Testamento. Na Primeira Epístola aos Coríntios 12:1, o texto grego diz simplesmente "espirituais" (*ton pneumatikon*), significando "coisas caracterizadas ou controladas pelo Espírito". Porém, no quarto versículo novamente é empregado o vocábulo *charismata*, que será repetido nos versos 9, 28, 30 e 31. Foi com base nesse termo grego que se originou a expressão moderna *carismático*.

No texto de Efésios 4: 7-8, o apóstolo dos gentios faz uso dos substantivos *dorea* e *doma*, que são empregados como sinônimos e significam "dádiva, presente, não merecido". Dessa forma, analisando os termos gregos usados nos textos bíblicos, podemos considerar a expressão *dons espirituais* sob dois aspectos: o primeiro como coisas controladas ou caracterizadas pelo Espírito Santo; o segundo, como dom distribuído pelo Espírito Santo de forma gratuita.

Portanto, na visão cristã, a qual os pentecostais reiteram constantemente, o dom não se trata de talento natural, quiçá de mérito pessoal ou retribuição obtida por esforço próprio, mas sim de dons gratuitos e imerecidos distribuídos pela vontade soberana do Espírito Santo.

8.4.2 Experiência no Pentecostes

Quando o Espírito Santo foi derramado na Igreja por ocasião da Festa do Pentecostes, Pedro reconheceu o acontecido como cumprimento da profecia de Joel, ao afirmar categoricamente: "Mas isto é o que foi dito pelo profeta Joel" (Atos, 2: 16), para em seguida citar a profecia completa nos versículos 17 a 21.

Pedro, em sua preleção, compreendeu que a capacitação dada pelo Espírito no Pentecostes confirmava a plenitude e o poder da nova aliança pelos méritos de Jesus Cristo: "Deus ressuscitou a este Jesus, do que todos nós somos testemunhas. De sorte que, exaltado pela destra de Deus e tendo recebido do Pai a promessa do Espírito Santo, derramou isto que vós agora vedes e ouvis" (Atos 2: 32-33).

Percebe-se, igualmente, que o apóstolo entendeu o derramamento do Espírito como característica singular da Nova Aliança, em que a distribuição de dons espirituais seria ampla – filhos e filhas, jovens e velhos, servos e servas (segundo as palavras do Profeta Joel) – e contínua na vida daqueles que cressem em Cristo: "E disse-lhes Pedro: Arrependei-vos, e cada um de vós seja batizado em nome de Jesus Cristo para perdão dos pecados, e recebereis o dom do Espírito Santo. Porque a promessa vos diz respeito a vós, a vossos filhos e a todos os que estão longe: a tantos quantos Deus, nosso Senhor, chamar" (Atos 2: 38-39).

Diante dessa experiência e das constatações apostólicas, os assembleianos creem na contemporaneidade dos dons espirituais. Como o derramamento do Espírito deu-se no Pentecostes, os assembleianos preferem ser reconhecidos como "pentecostais", e não como "carismáticos". Tal predileção pode ser explicada por uma tênue diferença no conceito de ambas as expressões. O termo *carismático*, em sua etimologia, significa que todos os dons são concedidos por Deus segundo a sua vontade. Dessa forma desraigada da crença da contemporaneidade, os dons são sempre carismáticos, ou seja, livremente outorgados. Por outro lado, o entendimento do termo *pentecostal*, entre demais conceitos, é referência àqueles que não apenas reconhecem os dons como dádivas concedidas por Deus, mas também creem em sua contemporaneidade.

8.4.3 Propósito dos dons espirituais

No entendimento pentecostal, os dons foram concedidos à Igreja de modo contínuo, no período que compreende a ascensão e a volta de Cristo (I Coríntios, 1: 7). Nesse sentido, o apóstolo Paulo exorta a Igreja em Corinto para que não se usem os dons espirituais de forma egoísta, e sim com o propósito magnífico, que é o de edificar o corpo de Cristo: "Assim, também vós, como desejais dons espirituais, procurai sobejar neles, para a edificação da Igreja" (I Coríntios, 14: 12). Paulo ainda lembra aos Efésios que os dons espirituais visam ao "aperfeiçoamento dos santos, para a obra do ministério, para edificação do corpo de Cristo" (Efésios, 4: 12). Desse modo, creem os assembleianos que os dons não são concedidos para a soberba ou para as vaidades pessoais nem para demonstração de suposta superioridade espiritual.

Sendo assim, o propósito no exercício dos dons espirituais deve ser edificar a Igreja e aperfeiçoar os santos, conforme asseverado por Paulo aos Coríntios e aos Efésios. Portanto, ter outra motivação no uso dos dons espirituais, fora dos ensinamentos bíblicos, caracteriza-se como grave equívoco e constitui-se em ofensa ao Espírito Santo.

8.4.4 Diversidade dos dons espirituais

Para o assembleiano, conforme pressuposto nos escritos paulinos, há diversidade de dons, de ministérios e de operações, mas é o mesmo Deus que opera tudo em todos, e o Espírito os distribui a cada um para aquilo que deva ser útil (I Coríntios, 12: 4-7). Por essa razão, creem os pentecostais que Deus concede à Igreja, de modo admirável, uma variedade de dons espirituais, e todos eles têm origem na multiforme graça de Deus, conforme Pedro afirmou: "Cada um administre aos outros o dom como o recebeu, como bons despenseiros da multiforme graça de Deus" (I Pedro, 4: 10).

As três listas paulinas, que discorrem sobre os dons espirituais (Romanos 12, I Coríntios 12-13 e Efésios 4), não são completas isoladamente. Isso porque elas se complementam e não visam ser exaustivas. Por exemplo, exceto o dom de profecia, nenhum outro dom é repetido nas listas disciplinadas na Bíblia Sagrada (Horton, 1996). E ainda é possível acrescentar nessa lista a relação de Pedro com apenas dois itens: "todo aquele que fala" e "todo aquele que administra" (I Pedro, 4: 11). Na verdade, nesses dois itens mencionados por Pedro estão incluídos todos os dons listados por Paulo, pois todos os dons encaixam-se em uma dessas duas categorias. Outro entendimento assembleiano é de que ninguém possui todos os dons e que, portanto, não se pode fazer a obra de Deus sozinho (I Coríntios, 12: 12-26).

8.4.5 Uso correto dos dons espirituais

A Igreja Assembleia de Deus pauta sua liturgia nos textos paulinos. O apóstolo orienta os crentes a procurar "com zelo os melhores dons" (I Coríntios, 12: 31), e na concepção paulina os melhores dons são aqueles que mais edificam a Igreja (I Coríntios, 14: 5).

Assim, na liturgia assembleiana, aquele que tem o dom de "variedades de línguas" é exortado a orar para que possa interpretar (I Coríntios, 14: 13). Se não houver intérprete, deve ficar calado

(I Coríntios, 14: 28), pois o que fala língua estranha sem interpretação não edifica a Igreja (I Coríntios, 14: 3)⁶.

Ainda seguindo a orientação de Paulo, é preciso manter a ordem no falar línguas em voz alta durante o culto. Isso deve ser feito por dois ou no máximo três fiéis (I Coríntios, 14: 27-28). As orientações também fazem referência ao uso do dom de profecia. O apóstolo considera como profecia a "fala aos homens para edificação, exortação e consolação" (I Coríntios, 14: 3). Por isso a preocupação com o uso desse dom: "falem dois ou três profetas, e os outros julguem" (I Coríntios, 14: 29). A orientação é ouvir com atenção e analisar se a profecia procede ou não de Deus. Em I Coríntios 14: 30, o apóstolo permite que um profeta interrompa o outro, porquanto todos podem profetizar uns depois dos outros, pois os espíritos dos profetas estão sujeitos aos profetas (I Coríntios, 14: 32). Aqueles que não possuem esse autocontrole são considerados meninos de entendimento (I Coríntios, 14: 20).

Assim, de acordo com os escritos da Nova Aliança, a AD considera que os dons espirituais estão disponíveis à Igreja e que o dom da profecia também é contemporâneo, mas deve estar sujeito ao ensino autorizado das Escrituras, pois na Igreja primitiva não eram as profecias que mostravam a direção à Igreja, e sim o ensino contínuo da Palavra de Deus (I Timóteo, 4: 11; 6: 2; I Coríntios, 4: 17; II Tessalonicenses, 2: 15).

---

6   A Assembleia de Deus no Brasil tem uma interpretação que difere o "falar línguas estranhas" como evidência inicial do batismo no Espírito Santo do dom espiritual "variedades de línguas". Este último dom obedece à orientação paulina e requer interpretação para a edificação da Igreja, porém o "falar línguas estranhas" como batismo ou renovação no Espírito Santo é compreendido como o agir de Deus que visa à edificação pessoal do crente, e nesse caso não se requer interpretação nem mesmo repreensão (Horton, 1996, p. 476).

Síntese

Neste capítulo, esclarecemos por que a educação teológica formal era vista com maus olhos pelos pioneiros assembleianos. Eles acreditavam que os seminários teológicos seriam uma espécie de "fábrica de pastores", e que, conforme suas convicções, o Espírito Santo capacitaria os escolhidos. Além do mais, os líderes asseveravam que a única escola teológica era a Escola Bíblica Dominical, pensada por Robert Raikes.

Contudo, com o passar dos anos, as Igrejas passaram a criar seminários bíblicos para o aperfeiçoamento dos obreiros. Na atualidade, a CGADB possui uma instituição teológica oficial e, por meio de seu Conselho de Educação e Cultura, fomenta o estudo teológico e credencia instituições teológicas em todo o Brasil.

Atividades de autoavaliação

1. Indique se as seguintes afirmações sobre a teologia assembleiana são verdadeiras (V) ou falsas (F):
   ( ) A tradição sueca e os obreiros brasileiros sempre foram favoráveis à educação teológica formal.
   ( ) Com o crescimento da Igreja e a chegada de missionários escandinavos surgiram os seminários e os institutos teológicos.
   ( ) O ensino teológico formal, em suas primeiras décadas, foi tratado pelas ADs de modo pejorativo.
   ( ) Na concepção crítica ao ensino teológico formal, afirmava-se que o melhor seminário para o pregador é de "joelhos" perante a face do Senhor.

2. Com relação à criação de seminários e institutos nas ADs, assinale a alternativa correta:
   a) O missionário João Kolenda Lemos e sua esposa, Ruth Dorris Lemos, fundaram o Instituto Bíblico das Assembleias de Deus (Ibad) na cidade do Rio de Janeiro (RJ).
   b) O IBP foi o primeiro seminário bíblico fundado em caráter oficioso pelas Assembleias de Deus com modalidade de ensino a distância.
   c) A EETAD foi fundada para atender obreiros das regiões afastadas dos grandes centros urbanos do país que não podiam frequentar os cursos com aulas presenciais.
   d) O Instituto Bíblico Ebenézer foi fundado na cidade do Rio de Janeiro em 19 de outubro de 1972 pelo pastor José Wellington Bezerra da Costa.

3. Analise as afirmações a seguir sobre a teologia assembleiana e classifique-as como verdadeiras (V) ou falsas (F):
   ( ) A doutrina das dispensações é definida como "período de tempo no qual Deus se revela de modo distinto e particular ao ser humano".
   ( ) A obra que mais influenciou o dispensacionalismo nas Assembleias de Deus foi a Bíblia de Estudo Pentecostal.
   ( ) Os termos *arminiano* e *arminianismo* derivam do nome do exímio teólogo Jacobus Arminius.
   ( ) A teologia arminiana é contra os dogmas da eleição condicional e da graça irresistível que a doutrina agostiniana e calvinista pregam.

4. Quanto à doutrina do batismo nas águas nas ADs, assinale a alternativa correta:
   a) A Convenção das Assembleias de Deus resolveu considerar válido o batismo por imersão efetuado em Igrejas consideradas cristãs.
   b) O teólogo Champlin (2002) revela que, originalmente, o batismo era feito por aspersão, fundamentando-se nos escritos paulinos.
   c) Para o teólogo Andrade (2004, p. 77), "o batismo possui poder regenerador; portanto, é símbolo de regeneração".
   d) Desde a fundação das Assembleias de Deus no Brasil, a doutrina do batismo nas águas nunca foi motivo de embate.

5. Sobre os dons espirituais, classifique as afirmações a seguir como verdadeiras (V) ou falsas (F):
   ( ) Creem os assembleianos que os dons não são concedidos para exaltação pessoal nem para se alcançar supostas pretensões de espiritualidade.
   ( ) Para o assembleiano, existe diversidade de dons, de ministérios e de operações, mas é o mesmo Deus que opera tudo e em todos.
   ( ) A Assembleia de Deus considera que os dons espirituais estão disponíveis à Igreja e que o dom da profecia também é contemporâneo.
   ( ) Para a Assembleia de Deus, nem toda ação espiritual deve estar sujeita ao ensino autorizado das Escrituras.

Atividades de aprendizagem

Questões para reflexão

1. Conforme referimos neste capítulo, nas primeiras décadas das Assembleias de Deus do Brasil o estudo teológico era visto de modo pejorativo e errôneo. Todavia, atualmente os cursos de Teologia são um dos requisitos para a consagração de obreiros na maioria das Convenções Regionais. Por que se deu essa mudança de paradigma?

2. A Escola Bíblica Dominical originou-se da ideia de Robert Raikes em ensinar às crianças inglesas matemática e linguagem e, sobretudo, valores morais. As estatísticas mostram que, por causa da ação dessa escola, a criminalidade em Gloucester, no centro-oeste da Inglaterra, diminuiu de forma notória e significativa. Em nossos dias, as escolas bíblicas dominicais estão fazendo a diferença na sociedade ou a cultura pós-moderna infiltrou-se também nesses ambientes?

Atividades aplicadas: prática

1. Faça uma pesquisa entre membros das Assembleias de Deus de sua cidade a respeito da teologia assembleiana. Pergunte a eles se conhecem os preceitos da teologia dispensacionalista e da teologia arminiana. Em seguida, compare os dados obtidos com as informações que você leu neste capítulo.

2. Faça uma pesquisa entre membros das Assembleias de Deus de sua cidade a respeito da Escola Bíblica Dominical. Descubra se ela está em funcionamento na sua cidade e quais são os índices de frequência.

considerações finais

Caro leitor, é com grande satisfação que finalizamos este livro. Esperamos que o tempo que você reservou para ler esta obra tenha lhe oportunizado a conhecer e/ou aprofundar seus conhecimentos acerca da história das Assembleias de Deus, o maior movimento pentecostal no Brasil. Temos a convicção de que, ao término da leitura, sua bagagem de informações e o seu senso crítico foram de certo modo enriquecidos. Estamos conscientes de que, nesse processo, certamente alguns paradigmas e até certos conceitos foram mudados.

Nesse diapasão, reconhecemos que este trabalho não preenche todas as lacunas acerca da história da maior Igreja pentecostal do país e do mundo, as quais dizem respeito às particularidades de cada igreja da Assembleia de Deus localizada nos mais de 5.500 municípios brasileiros. Essas questões pontuais podem ser sanadas pela leitura de publicações em que se conta a história detalhada de cada igreja local.

Salientamos que sua constante busca pelo conhecimento deve servir como instrumento de mudanças e quebra de paradigmas. Isso porque, quando tomamos conhecimento da história e nos conscientizamos do legado que nos foi confiado, tornamo-nos responsáveis pela valorização da herança adquirida. Desse modo, passamos a ser agentes de transformação para impedir que a história seja desconstruída, desrespeitada ou maculada.

Assim, ao disponibilizar este escrito, compartilhamos com você a responsabilidade de reconhecer a importância dessa instituição na formação da sociedade brasileira. Atualmente, a Igreja agrega cerca de 22 milhões de brasileiros que tiveram a vida impactada pela mensagem pentecostal e seu crescimento permanece notório: é a Igreja que mais cresce em solo brasileiro. A instituição encontra-se presente nos grandes centros, no interior dos estados, em vilarejos, subúrbios e até em lugares inóspitos. Não distingue as pessoas por raça, cor, gênero, classe social, formação acadêmica ou poder aquisitivo. Na Assembleia de Deus há espaço para todos. Todos são irmãos em Cristo. Todos são herdeiros da promessa do Espírito Santo.

Por fim, procuramos abranger aqui os principais aspectos da Assembleia de Deus: desde o Pentecostes descrito no Novo Testamento pelo evangelista e historiador Lucas, passando pelos principais movimentos pentecostais no mundo, até a implantação das Assembleias de Deus em nossa nação. Sendo assim, este livro auxilia na formação do teólogo brasileiro, pois, como salientamos anteriormente, trata-se de relato histórico da maior denominação pentecostal do país – a Assembleia de Deus.

Douglas Roberto de Almeida Baptista

anexo

Declaração de Fé das Assembleias de Deus

CREMOS

1. Em um só Deus, eternamente subsistente em três pessoas distintas: o Pai, o Filho e o Espírito Santo (Dt 6.4; Mt 28.19; Mc, 12.29);
2. Na inspiração divina verbal e plenária da Bíblia Sagrada, única regra infalível de fé e prática para a vida e o caráter cristão (2Tm 3.14-17);
3. Na concepção e no nascimento virginal de Jesus, plenamente Deus, plenamente Homem, em sua morte vicária e expiatória, em sua ressurreição corporal dentre os mortos e sua ascensão vitoriosa aos céus (Is 7.14; Mt 1.23; Rm 8.34; At 1.9);

4. Na pecaminosidade do homem, que o destituiu da glória de Deus, e que somente o arrependimento e a fé na obra expiatória e redentora de Jesus Cristo podem restaurá-lo a Deus (Rm 3.23; At 3.19);
5. Na necessidade absoluta do novo nascimento pela graça de Deus mediante a fé em Jesus Cristo e pelo poder atuante do Espírito Santo e da Palavra de Deus, para tornar o homem digno do Reino dos Céus (Jo 3.3-8; Ef 2.8, 9);
6. No perdão dos pecados, na salvação plena e na justificação pela fé no sacrifício efetuado por Jesus Cristo em nosso favor (At 10.43; Rm 10.13; 3.24-26; Hb 7.25; 5.9);
7. Na Igreja, coluna e firmeza da verdade, una, santa e universal assembleia dos fiéis remidos de todas as eras e todos os lugares, chamados do mundo pelo Espírito Santo para seguir a Cristo e adorar a Deus (Jo 4.23; 1Tm 3.15; Hb 12.23; Ap 22.17);
8. No batismo bíblico efetuado por imersão em águas, uma só vez, em nome do Pai, e do Filho, e do Espírito Santo, conforme determinou o Senhor Jesus Cristo (Mt 28.19; Rm 6.1-6; Cl 2.12);
9. Na necessidade e na possibilidade de termos vida santa e irrepreensível por obra do Espírito Santo, que nos capacita a viver como fiéis testemunhas de Jesus Cristo (Hb 9. 14; 1Pe 1.15);
10. No batismo bíblico com o Espírito Santo, que nos é dado por Jesus Cristo, mediante a evidência física do falar em outras línguas, conforme a sua vontade (At 1.5; 2.4; 10.44-46; 19.1-7);
11. Na atualidade dos dons espirituais distribuídos pelo Espírito Santo à Igreja para sua edificação, conforme sua soberana vontade para o que for útil (1Co 12.1-12);
12. Na segunda vinda de Cristo, em duas fases distintas: primeira – invisível ao mundo, para arrebatar a Sua Igreja, antes da Grande

Tribulação; segunda – visível e corporal, com a Sua Igreja glorificada, para reinar sobre o mundo durante mil anos (1Ts 4.16, 17; 1Co 15.51-54; Ap 20.4; Zc 14.5; Jd 14);

13. No comparecimento ante o Tribunal de Cristo de todos os cristãos arrebatados, para receberem a recompensa pelos seus feitos em favor da causa de Cristo na Terra (2Co 5.10);

14. No Juízo Final, onde serão julgados os que fizerem parte da Última Ressurreição; e na vida eterna de gozo e felicidade para os fiéis e de tristeza e tormento para os infiéis (Mt 25.46; Ap 20.11-15).

Confissão de Fé da Assembleia de Deus do Brasil, conforme extraído do jornal Mensageiro da Paz, *órgão oficial das Assembleias de Deus.*

referências

ADVEC – Assembleia de Deus Vitória em Cristo. **Filiais**. Disponível em: <http://www.advitoriaemcristo.org/siteEdit/site/advec/filiais. cfm>. Acesso em: 26 set. 2016.

ALENCAR, G. F. de. **Assembleias de Deus**: origem, implantação e militância (1911-1946). São Paulo: Arte Editorial, 2010a.

____. **Matriz pentecostal brasileira**: Assembleias de Deus – 1911-2011. Rio de Janeiro: Novos Diálogos, 2013. (Série Protestantismo e Sociedade).

____. **Protestantismo tupiniquim**: hipóteses sobre a (não) contribuição evangélica à cultura brasileira. 3. ed. São Paulo: Arte Editorial, 2010b.

ALMEIDA, A. de (Org.). **História das Assembleias de Deus no Brasil**. Rio de Janeiro: CPAD, 1982.

ANDRADE, C. C. de. **Dicionário teológico**. 13. ed. rev. e ampl. Rio de Janeiro: CPAD, 2004.

ARAÚJO, I. de. **100 mulheres que fizeram a história das Assembleias de Deus no Brasil**. Rio de Janeiro: CPAD, 2011.

____. **Dicionário do movimento pentecostal**. Rio de Janeiro: CPAD, 2007.

____. **História da Casa Publicadora das Assembleias de Deus**. Rio de Janeiro: CPAD, 2015.

AVEC – Associação Vitória em Cristo. **Nota de esclarecimento sobre a renúncia do Pr. Silas da CGADB**. 19 maio 2010. Disponível em: <www.vitoriaemcristo.org/_gutenweb/_site/gw-noticias-detalhe/?cod=197>. Acesso em: 26 set. 2016.

BARBOSA, P. A. **Fundamentos da teologia pentecostal**. Porto Alegre: IBE, 2012.

BARROS, A.; CAPRIGLIONE, L. Soldados da fé e da prosperidade. **Veja**, São Paulo, n. 1.502, p. 86-93, 2 jul. 1997.

BERG, D. **Daniel Berg**: enviado por Deus. Rio de Janeiro: CPAD, 1995.

BÍBLIA. Português. **Bíblia Sagrada**. Tradução de J. F. Almeida rev. cor. (ARC). Rio de Janeiro: SBB, 1995.

BOYER, O. S. **Heróis da fé**. 13. ed. Rio de Janeiro: CPAD, 1997.

BRANDT, D. H. **Pia desideria**: Desejos piedosos – Resumo contextual e programático. Portal Luteranos. Sínodo Vale do Itajaí. Disponível em: <http://www.luteranos.org.br/conteudo_organizacao/vale-do-itajai/pia-desideria-desejos-piedosos-resumo-contextual-e-programatico>. Acesso em: 27 set. 2016.

BRASIL. Decreto n. 9.215, de 15 de dezembro de 1911. **Diário Oficial da União**, Poder Executivo, Brasília, DF, 15 dez. 1911. Disponível em: <http://www2.camara.leg.br/legin/fed/decret/1910-1919/decreto-9215-15-dezembro-1911-513570-publicacaooriginal-1-pe.html>. Acesso em: 16 abr. 2016.

BRENDA, A. W. **Ouvi um recado do céu**: biografia de J. P. Kolenda. Rio de Janeiro: CPAD, 1984.

CABRAL, D. **Assembleias de Deus**: a outra face da história. 2. ed. Rio de Janeiro: Betel, 1998.

CAIRNS, E. E. **O cristianismo através dos séculos**: uma história da Igreja cristã. 2. ed. São Paulo: Vida Nova, 1995.

CESAREIA, E. de. **História eclesiástica**: os primeiros quatro séculos da Igreja cristã. Rio de Janeiro: CPAD, 1999.

CHAMPLIN, R. N. **Enciclopédia de Bíblia, Teologia e Filosofia**. São Paulo: Hagnos, 2002. v. 1, 3-6.

CONAMAD – Convenção Nacional das Assembleias de Deus Madureira. **Estatuto da Convenção Nacional das Assembleias de Deus no Brasil – Ministério de Madureira**. Disponível em: <http://www.madureiranacional.com.br/documentos.php>. Acesso em: 26 set. 2016.

DANIEL, S. **História da Convenção Geral das Assembleias de Deus no Brasil**. Rio de Janeiro: CPAD, 2004.

FRANGIOTTI, R. **História das heresias (séculos I-VII)**: conflitos ideológicos dentro do cristianismo. 3. ed. São Paulo: Paulus, 2002.

GILBERTO, A. **Manual da Escola Dominical**. 38. ed. Rio de Janeiro: CPAD, 2008.

GRUDEM, W. **Teologia sistemática**. Tradução de M. Messias, J. J. Martinez e O. D. de Arce. São Paulo: Vida Nova, 1999.

HORTON, S. M. (Ed.). **Teologia sistemática**: uma perspectiva pentecostal. Rio de Janeiro: CPAD, 1996.

KNIGHT, A.; ANGLIN, W. **História do cristianismo**: dos apóstolos do Senhor Jesus ao século XX. 11. ed. Rio de Janeiro: CPAD, 2004.

LOLE, E. CPAD lança novo currículo para Escola Dominical. **CPAD News**, Rio de Janeiro, 6 nov. 2014. Disponível em: <http://www.cpadnews.com.br/universo-cristao/25210/cpad-lanca-novo-curriculo-para-escola-dominical.html>. Acesso em: 26 set. 2016.

MENSAGEIRO DA PAZ. Rio de Janeiro, 15 set. 1931.

____. Rio de Janeiro, [2ª quinzena] dez. 1939.

MENSAGEIRO DA PAZ. Rio de Janeiro: CPAD, n. 1.512, maio 2011.

OLSON, R. **História da teologia cristã**: 2000 anos de tradições e reformas. São Paulo: Vida, 1999.

PFEIFFER, C. F.; VOS, H. F. REA, J. **Dicionário bíblico Wycliffe**. 4. ed. Rio de Janeiro: CPAD, 2008.

REDAÇÃO GOSPEL+. **Carta de renúncia e desligamento do Pastor Silas Malafaia da CGADB revela os motivos do desligamento. Confira a carta na íntegra**. 2 jun, 2010. Disponível em: <noticias.gospelmais.com.br/carta-de-renuncia-do-pastor-silas-malafaia-cgadb-convencao-assembleia-de-deus-integra.html>. Acesso em: 26 set. 2016.

ROPS, D. **A Igreja dos apóstolos e dos mártires**. São Paulo: Quadrante, 1988. (Coleção História da Igreja de Cristo).

VINGREN, I. **Diário do pioneiro**: Gunnar Vingren. 5. ed. Rio de Janeiro: CPAD, 2000.

bibliografia comentada

ALENCAR, G. F. de. **Assembleias de Deus**: origem, implantação e militância (1911-1946). São Paulo: Arte Editorial, 2010.

Gedeon Alencar é autor de obras acerca do protestantismo brasileiro. Nesta, ele relata a historiografia das Assembleias de Deus no Brasil de 1911 a 1946. Apesar de conter algumas informações controvertidas, ao todo é uma boa obra, escrita em linguagem simples e de fácil leitura.

ALENCAR, G. F. de. **Matriz pentecostal brasileira**: Assembleias de Deus – 1911-2011. Rio de Janeiro: Novos Diálogos, 2013.

Outra obra de Gedeon Alencar, esse texto é fruto de sua tese de doutorado em Ciência das Religiões na Pontifícia Universidade Católica de São Paulo (PUC-SP). É uma obra prolixa, extensa, com quase 400 páginas. Ainda assim, sua leitura é recomendável.

ARAÚJO, I. de. **Dicionário do movimento pentecostal**. Rio de Janeiro: CPAD, 2007.

Isael de Araujo é um historiador da Casa Publicadora das Assembleias de Deus. Sua obra é a mais completa de todas, com diversos temas do movimento pentecostal em índice alfabético. Araújo foi muito feliz ao publicar essa obra: são mais de 900 páginas em que são relatados diversos acontecimentos e descritos personagens do pentecostalismo e muito mais. Ao final, a obra ainda traz um índice remissivo. É uma leitura fundamental para qualquer teólogo brasileiro.

BERG, D. **Daniel Berg**: enviado por Deus. Rio de Janeiro: CPAD, 1995.

Escrito pelo filho do pioneiro Daniel Berg, David Berg, este livro é a biografia do missionário sueco. É uma leitura prazerosa, instigante e que traduz os anseios e as provações sofridas por Daniel Berg. São aproximadamente 260 páginas cheias de informações detalhadas.

DANIEL, S. **História da Convenção Geral das Assembleias de Deus no Brasil**. Rio de Janeiro: CPAD, 2004.

Silas Daniel, funcionário do alto escalão da CPAD, conseguiu sublimemente escrever o texto da história da Convenção Geral das Assembleias de Deus. Neste livro, ele consegue transmitir, mesmo que de forma sintética, todas as reuniões dos convencionais que já ocorreram. Fundamenta seus escritos baseados em documentos das reuniões.

VINGREN, I. **Diário do pioneiro**: Gunnar Vingren. 5. ed. Rio de Janeiro: CPAD, 2000.

O filho de Gunnar Vingren, Ivar Vingren, analisou aproximadamente 25 diários de seu pai antes de escrever essa obra, que corresponde a uma bela biografia do grande pioneiro da denominação. A obra é dividida em dez capítulos, é de fácil manuseio e de grande valia para todos que querem conhecer a história do início das Assembleias de Deus no Brasil.

Capítulo 1

Atividades de autoavaliação
1. V, V, F, F
2. d
3. V, V, V, V
4. b
5. V, V, V, F

Atividades de aprendizagem

Questões para reflexão
1. Infelizmente, na atualidade, inúmeras denominações religiosas equiparam as profecias com autoridade igual ou até superior à das Escrituras.

2. Lamentavelmente, em nossos dias tornou-se comum veteranos cristãos trocarem sua fé ortodoxa por modismos e novas indulgências.

Capítulo 2

Atividades de autoavaliação

1. V, V, F, V
2. b
3. F, V, V, V
4. d
5. V, V, V, V

Atividades de aprendizagem

Questões para reflexão

1. O avivamento em solo norte-americano alcançou os missionários Gunnar Vingren e Daniel Berg, que trouxeram o pentecostes ao Brasil e desse modo beneficiaram a nação.
2. A doutrina da santidade permanece válida nos dias atuais. A negligência de muitas igrejas nesse quesito se explica pela falta de compromisso com a Palavra de Deus.

Capítulo 3

Atividades de autoavaliação

1. V, F, V, V
2. b
3. V, V, V, F
4. c
5. F, V, V, F

Atividades de aprendizagem

Questões para reflexão
1. Esta questão é puramente reflexiva. A vinda dos missionários ao Pará, e não ao Rio de Janeiro, atendeu ao propósito divino.
2. Esta questão também nos apresenta uma hipótese para reflexão. Embora a Índia seja mais populosa, não há como saber se teriam sido receptivos à doutrina pentecostal.

Capítulo 4

Atividades de autoavaliação
1. V, F, V, F
2. d
3. V, V, F, F
4. c
5. F, V, F, V

Atividades de aprendizagem

Questões para reflexão
1. A tendência hodierna é a busca por direitos individuais e coletivos. Nesse caso, provavelmente os membros recorreriam ao judiciário.
2. O ataque às denominações religiosas permanece uma prática comum entre os cristãos. Deve-se, no entanto, diferenciar o conceito de "defesa da fé genuína" do conceito de desrespeito à fé alheia.

Capítulo 5

Atividades de autoavaliação
1. V, F, V, V
2. d

3. V, F, V, V
4. d
5. F, F, V, V

Atividades de aprendizagem

Questões para reflexão

1. A situação cultural e econômica do Brasil no início do século XX difere em muito da realidade atual. O crescimento das Assembleias de Deus à época deu-se em condições que não se repetem hodiernamente.
2. As igrejas compromissadas com a salvação das almas ministram o evangelho para todas as classes sociais. Já os mercenários da fé concentram-se apenas em grandes centros em busca de melhor arrecadação financeira.

Capítulo 6

Atividades de autoavaliação

1. F, V, V, F
2. a
3. V, V, F, V
4. d
5. V, V, V, V

Atividades de aprendizagem

Questões para reflexão

1. A realidade eclesiástica em tempos modernos difere daquela vivida nos primórdios das Assembleias de Deus. Tornou-se comum, em muitos casos, o pedido de indenização pecuniária para a entrega de igrejas e templos.

2. Infelizmente, grande parcela da Igreja evangélica brasileira aderiu a mensagens meramente motivacionais, de autoajuda e prosperidade financeira.

Capítulo 7

Atividades de autoavaliação
1. V, V, V, V
2. c
3. V, V, V, V
4. d
5. F, V, V, V

Atividades de aprendizagem

Questões para reflexão
1. Acreditam os assembleianos que a intervenção do governo federal foi, na verdade, um projeto divino que possibilitou a criação da CPAD.
2. A fusão dessas duas convenções depende de direta intervenção divina. Embora os irmãos assembleianos das duas convenções se respeitem e até realizem trabalhos em conjunto, humanamente falando a fusão é uma probabilidade distante.

Capítulo 8

Atividades de autoavaliação
1. F, F, V, V
2. c
3. V, F, V, V
4. a
5. V, V, V, F

Atividades de aprendizagem

Questões para reflexão
1. As lideranças perceberam a tempo que a capacitação teológica traz benefício para o crescimento e a maturidade da Igreja. Desse modo, quanto mais bem preparado for o ministro, melhores serão as chances de multiplicação das Assembleias de Deus.
2. As escolas dominicais continuam desempenhando seu papel de ensino das Escrituras. Nas igrejas onde a Palavra de Deus permanece como primazia, é incontestável a importância da EBD.

sobre o autor

Douglas Roberto de Almeida Baptista é bacharel em Pedagogia pela Universidade Federal de Roraima (UFRR) e em Teologia pela mesma instituição; licenciado em Educação Religiosa pelo Instituto de Educação Superior de Brasília (IESB) e em Filosofia/Aplicação em Sociologia pela Universidade Federal de Goiás (UFG); especialista em Docência do Ensino Superior pelo IESB e em Bibliologia pelo Centro Presbiteriano de Pós-Graduação Andrew Jumper; mestre em Ciências das Religiões pela Faculdade Unida de Vitória e aluno especial do curso de doutorado em Educação na Universidade Católica de Brasília (UCB).

Além disso, é presidente da Igreja Evangélica Assembleia de Deus de Missão do Distrito Federal (ADMDF), presidente da Sociedade Brasileira de Teologia Cristã Evangélica (SBTEO), presidente da Ordem dos Capelães Evangélicos do Brasil (Oceb), presidente do Conselho de Educação e Cultura das Assembleias de Deus (CEC-CGADB), segundo-vice-presidente da Convenção dos

Ministros Evangélicos das Assembleias de Deus de Brasília e Goiás (COMADEBG), diretor-geral do Instituto Brasileiro de Teologia e Ciências Humanas (IBTECH) e escritor e colunista da Casa Publicadora das Assembleias de Deus (CPAD).

Impressão:
Janeiro/2017